DIE GEHEIMEN REZEPTE DER ZIGEUNER MEDIZIN

Wanja von Hausen

DIE GEHEIMEN REZEPTE DER ZIGEUNER MEDIZIN

Orac

ISBN 3-7015-0089-4

Schutzumschlag: Fritz Gnan
Grafische Gestaltung: Fritz Gnan und Alfred Hoffmann

Satz: Druckerei Robitschek & Co., Wien
Druck und Bindearbeiten: Wiener Verlag, Himberg bei Wien

Inhaltsverzeichnis

Die erste Begegnung mit der Phuri Dai Pilar

„Ihr fliegt zum Mond und wißt nicht, was Leben ist."

„Was für Fragen! Woher wir Zigeuner kommen? Wohin wir ziehen?" Die alte Pilar runzelt die dichten Brauen unter der hohen Stirn, sieht mich aus wechselfarbenen Bernsteinaugen abschätzend an. Sie vermittelt mir das irritierende Gefühl, auf den Grund meiner Seele zu schauen, meiner mit vielen Wassern gewaschenen und — Gott schütze mich — doch kindlich neugierig gebliebenen Reporterseele, deren Glaubensbekenntnis lautet: nichts ist faszinierender als der Mensch.
„Der Mensch", sagt die weise Frau so selbstverständlich, als hätte ich meine Gedanken ausgesprochen, „weißt du, daß wir selbst uns Rom nennen? Rom bedeutet Mensch in unserer Sprache."
Die geheimnisvolle Sprache der Zigeuner. Vermutlich stammt sie aus Indien. Die Zigeuner haben sie in Jahrtausenden auf langen, dunklen Wanderwegen mitgebracht. Was Wissenschaftler seit 1793 nachzuweisen versuchten. Übrigens in ellenlangen Episteln, die die Betroffenen weder kannten noch lesen konnten.
„Geschenkt." Pilar hebt die mit einem mitternachtsblauen, mit silbernen Monden bestickten Fransentuch bedeckten Schultern, lehnt sich auf dem bastgeflochtenen Stuhl vor ihrem Wohnwagen zurück. „Andere Thesen behaupten, wir Zigeuner seien die letzten Überlebenden des versunkenen Erdteils Atlantis. Durch seinen Untergang seien wir in alle Welt zerstreut worden. Eine weitere Mutmaßung: Unsere Vorfahren seien die Bewohner der biblischen Stadt Babylon gewesen. Auf der Flucht, seit der Turm zerbrach und Sprachverwirrung uns Menschen überkam wie ein Fluch."
„Was stimmt denn nun?" frage ich.
„Such dir's aus", sie zwinkert, „uns ist es gleichgültig. Was würde es an unserem Leben schon ändern, wenn wir wüßten, woher wir stammen? Was wißt ihr denn wirklich von euch?" Sie schüttelt kaum merklich den

Kopf mit den glänzend schwarzen Flechten, greift zu ihrem armlangen Holzlöffel, rührt im bauchigen Tontopf, in dem auf Reisigfeuer Suppe kocht.
„Ihr Gadsche seid komisch: Ihr meint, wenn ihr alles notiert, auseinandernehmt, einordnet und zählt, sei die Welt in Ordnung. Und was habt ihr aus unserer schönen Erde gemacht? Ihr fliegt zum Mond und wißt nicht, was Leben ist."

Pilar spricht spanisch mit rollenden Rs mit mir. Ihre dunkle Stimme hat sich nicht erhoben. Sie meint es nicht böse, wenn sie mich „Gadsche" nennt. Für sie bin ich ja eine. Eine Weiße, eine Fremde. „Gadsche", wie alle Menschen, die nicht zum rätselhaften Volk der Zigeuner gehören. Was für ein Volk! Das einzige, das sich ohne Macht, ohne Geld, ohne Soldaten und ohne Krieg weltweit verbreitet hat.
Ob in Ungarns Pußta, in den Steppen Sibiriens, vor den Toren Mekkas, im Hochland Guatemalas oder in den Schneewüsten Alaskas, überall — außer in Südostasien — leben die ewigen Wanderer mit dem olivfarbenen Teint und dem ausgeprägten Sinn für Freiheit. Obgleich sie meist weder lesen noch schreiben können, lernen sie schnell die Sprache ihres Gastlandes, bleiben aber, bis auf gelegentliche Kontakte, unter sich. Keinem Staat, keinem Herrscher ist es je gelungen, sich die Zigeuner untertan zu machen. Weder durch Geschenke von Land und Saatgut noch durch grauenvolle Verfolgungen.
Seit 1417, als zum erstenmal registriert wurde, daß diese exotischen Fremden auch in Europa auftauchten, wurden sie als Volksfeinde verteufelt und erbarmungslos gejagt. Sie wurden vor dem Gesetz für vogelfrei erklärt, gefoltert, gehenkt, versklavt, verbrannt bis in die jüngste Zeit. Die Nazis verschleppten sie systematisch in Konzentrationslager und ermordeten sie, wie die Juden.
Wieviele Zigeuner heute auf unserer Erde leben? Schätzungen schwanken zwischen drei und sechs Millionen. Die Antwort weiß auch hier allein der Wind.
„Was würde es nützen, unsere genaue Anzahl zu wissen", sagt Pilar, „jedenfalls verstehen wir uns als Salz der Erde." Sie beugt sich vor und bläst das Feuer an, wirft einen Zweig blühenden Rosmarins in den Suppentopf, faltet die kleinen, fleischigen Hände über dem geblümten Rock.

„Als der große Sternenmann die Erde gemacht hat, knetete er Figuren aus Ton. Er schob sie in seinen großen Backofen und ging davon, weil er noch den Mond am Himmel aufhängen wollte. Als er zurückkam, waren seine Geschöpfe kohlpechrabenschwarz geworden: die Neger. Tags dar-

auf versuchte der große Sternenmann sein Werk zum zweitenmal. Aber die Furcht, es könne wieder verbrennen, ließ ihn den Ofen zu früh öffnen. Geschaffen waren die Weißen, die sich immer danach sehnen, braun zu sein. Erst am dritten Tag gelang dem großen Sternenmann sein Werk: wir, die richtig Ausgebackenen."
Ich bin betroffen, schlucke. Meint Pilar es ernst? Sollte sie, die Kluge, Rassenvorurteile haben? So dumme, wie sie den Angehörigen ihres Volkes oft zu Unrecht entgegengebracht wurden und werden?
Während ich noch überlege, wie ich meine Frage formulieren soll, hat Pilar meine Gedanken schon erraten.
„Versteh mich richtig", sie schenkt mir ein strahlendes Lächeln, „ich bin nicht hochmütig. Ich weiß nur, daß uns vieles angeboren ist, wonach ihr Gadsche lange und oft vergebens sucht."
In der sommermilden Juninacht am Ufer des Ebro, wo die Käuzchen aus dem nahen Wald rufen, versucht die weise Alte mir mit leise murmelnder Stimme zu erklären, was Zigeuner von uns unterscheidet.
„Wir freuen uns gern. Wir singen und tanzen. Wir lieben die Erde, möchten sie immer wieder neu erleben. Aber wir wollen sie uns nicht untertan machen. Wir nehmen nur, was sie uns freiwillig und reichlich gibt."
Unser mit der Muttermilch eingesogenes Erfolgsdenken scheint Pilar die Wurzel allen Übels zu sein:
„Ihr lebt doch in ständiger Angst: vor der Zukunft, vor dem Tod, vor dem Nachbarn, vor dem Chef, vor der Konkurrenz, vor Versagen, Verrat, Untreue und Neid. Um euch abzusichern, rafft ihr mehr Besitz zusammen, als ihr brauchen könnt. Dabei vergeßt ihr, daß niemand etwas mitnehmen kann bei der Wanderung zwischen den Welten."
„Glaubst du an ein Leben nach dem Tod, Pilar?"
„So wahr ich Sonne, Mond und Sterne sehe. Aber über das Wie und Was — warum soll ich mir darüber den Kopf zerbrechen? Ich weiß, es wird gut sein. Aber ich fühle, daß ich jetzt lebe."

Pilar ist die Phuri Dai ihres Stammes, die Weise, die Heilerin. Keine Entscheidung, die der von allen erwachsenen Stammesangehörigen gewählte Clanchef Pablo fällte, ohne Pilar zuvor gehört zu haben. Uralte Zigeuner-Sitte, tief verwurzelt und weltweit verbreitet und bewährt.
Übrigens gibt und gab es weder Zigeunerkönige noch -königinnen — und auch der berühmte Zigeunerbaron gehört nur ins hübsche Reich der Operette. Denn die Gratwanderer zwischen den Grenzen konnten sich nie den Luxus erblicher Würde und Macht leisten. Ihr Überleben hing ausschließlich von den Fähigkeiten und oft auch der List ihres Führers

ab, der allerdings innerhalb seines Bereichs das absolute Sagen hat.
Daß Zigeuner in prächtig-orientalischer Aufmachung mitunter behauptet haben, sie seien Fürsten aus Klein-Ägypten, gehört zu ihrer Überlebens-Philosophie. Sie spielen solange auf dem Klavier der Gesetze und Vorstellungen ihres Gastlandes, wie es sie nicht allzuviel Selbstaufgabe kostet. Die „Gadsche" träumen von einem Herzog aus dem Niltal? Na bitte, dann kriegen sie ihn. Eine Zigeuner-Hochzeit gewünscht? Warum nicht vorspielen, wovon die Leute träumen? Für Geld, versteht sich, denn auch Zigeuner müssen leben.
Nach diesem Muster haben sich die Gitanos in Spanien und Frankreich katholisch taufen lassen. Ihre Stammesbrüder in Mekka sind Moslems, andere orthodox, in Norddeutschland und Skandinavien sind sie evangelisch. Die öffentlich geforderten Bekenntnisse erleichtern ihnen das Leben und kosten sie wenig.
„Wir glauben, daß O'Del, der Gute, und O'Bengh, der Böse, in ständigem Wettstreit miteinander liegen. Oft scheint es, daß O'Bengh siegen wird. Aber wir hoffen, am Ende wird doch O'Del gewinnen", sagt Pilar. „Und alle Religionen münden in diesen Glauben."
Mehr erfahre ich nicht von den ausschließlich Zigeunern vorbehaltenen Mythen. Da schweigt die weise Frau mir gegenüber eisern. Wen wundert's, denn selbst auf der Folter gestanden ihre Vorfahren darüber nichts. Sicher ist aber, daß beim alljährlichen, weltberühmten Zigeunertreffen in der Wallfahrtskirche von Saintes-Maries-de-la-Mer in der südfranzösischen Camargue bis vor kurzem sogar der die Messe zelebrierende katholische Priester ausgeschlossen war.

„Frag nicht danach", Pilars Augen verraten mir, daß ich an die Grenze gestoßen bin, die kein „Gadsche" je überschreiten darf, „ich will dir etwas Wertvolles und Positives anvertrauen."
„Und das wäre?"
„Die geheimen Rezepte meiner Heilkunst."
Ich fühle mich, als hätte ich unverhofft einen Heiratsantrag erhalten: verwirrt, geschmeichelt, verunsichert und beglückt.
„Womit habe ich das verdient?"
„Kismet", sagt Pilar. „Schicksal. Ich habe die Zeichen des Himmels auf deiner Stirn gesehen. Gestern."
Gestern habe ich ihr den leblos scheinenden, von einem Auto angefahrenen fünfjährigen Rodrigo gebracht, ihren einzigen Urenkel. Zufällig habe ich ihn auf der Fahrt nach Tortosa verletzt im Straßengraben gefunden. Auf der Suche nach einem Arzt entdeckte ich die 27 Wohnwagen am Ufer des Ebro.

Der Kleine, den ich abgeliefert hatte, als er noch ohnmächtig war, sitzt heute vergnügt in einer Pfütze, balgt sich mit einem fledermausohrigen, schwarzweiß gefleckten Hund.

„Bleib“, sagt Pilar, die meinem Blick gefolgt ist, „schreib auf, was noch nie aufgeschrieben worden ist. Das Mädchen, dem ich alles anvertraut hatte, eine von uns, ist auf und davon! Es ist Endzeit, für uns alle auf dieser Erde. Wir Menschen, gleich welcher Herkunft, müssen uns zusammentun, um zu retten, was zu retten ist.“

Als ich zu meinem Auto laufe, um mein Notizbuch zu holen, höre ich die helle Stimme des kleinen Rodrigo.

„Sonst noch Fragen“, jauchzt er, „niemand weiß, woher wir kommen und wohin wir ziehen.“

Über die Kunst des Heilens

„Wer heilen will, muß Ehrfurcht haben vor der Schöpfung“, sagt Pilar, „Ehrfurcht vor unserer Mutter Erde, Ehrfurcht vor dem Leben in seiner unendlichen Vielfalt.“
Sie seufzt, greift nach einem heruntergefallenen Zweig des Ölbaums, unter dem wir sitzen. Versonnen malt sie Kreise und Zeichen auf den Boden. Zum erstenmal bemerke ich Schatten unter ihren klugen Augen. Ich spüre, mehr als ich sehe, daß die weise Frau die Schultern zusammenzieht, wie zum Schutz. Als habe sie sich mit ihrem spontan gegebenen Versprechen, mir die geheimen Rezepte ihrer Heilkunst anzuvertrauen, auf einen gefahrvollen Weg begeben. Auf eine Gratwanderung. Oder auf das brüchige Eis eines tiefen Wassers . . .
Zugegeben: Ich bin mit Leib und Seele Reporterin. Und der Zufall (war es einer?), der mich zu Pilar geführt hat, fasziniert mich. Ich fiebere danach, zu erfahren, was sie mir mitteilen möchte.
Aber ich weiß, daß ich Geduld haben muß. Daß ich sie nicht drängen darf. Daß nur gut sein wird, was sie mir freiwillig gibt. Und daß Zeitbegriffe, umgerechnet in Arbeitsstunden, dabei keine Rolle spielen dürfen.
„Pilar“, frage ich zaghaft, „fühlst du dich wie ein Fisch, der einer Landpomeranze das Schwimmen erklären möchte, obwohl weit und breit kein klarer Bach plätschert, in dem du es vorzeigen könntest?“
„Du hast es getroffen“, das Lachen der Zigeuner-Heilerin klingt wie befreit, mischt sich mit dem Gezirp der Zikaden aus den umliegenden Feldern, „die Wahrheit ist so schwer in Worte zu fassen! Wo soll ich anfangen?“ Ihre Bernsteinaugen blitzen mich an. „Beim Bazillus der Hochmut, der eure offiziell abgesegneten Apparate-Mediziner mit Blindheit schlägt?“
„Wenn es denn sein muß, Pilar.“
„Keine Sorge.“ Die Kluge berührt versöhnlich meine rechte Hand, setzt sich aufrecht, „die Borniertheit eurer Chemie-Ärzte ist, weiß Gott, ein

Kapitel für sich. Wir können später darüber sprechen. Oder auch nicht. Denn du und deine Leser werdet eure eigenen Schlüsse ziehen."
Mit leiser, manchmal zögernder Stimme führt mich die Phuri Dai in das Wunderland, als das sie unsere Erde erlebt. Ich lausche, unterbreche nicht durch Zwischenfragen und notiere, was sie mir offenbart:

„Das äußere Erscheinungsbild aller Dinge und Wesen, die uns begegnen, ist nur ein Teil der Wahrheit. Was du zuerst siehst, und was du am schnellsten erfassen kannst, ist flüchtig wie der Blitz einer Momentaufnahme. Und so trügerisch und unvollständig wie der Blickwinkel, unter dem sie aufgenommen wird. Um bei diesem Beispiel zu bleiben: Niemand wird allen Ernstes behaupten, der Schnappschuß, den er von einem Menschen oder einem Tier oder einer Pflanze, ja selbst einem Stein gemacht hat, zeige ihn, wie er wirklich und ausschließlich ist. Da gibt es Tausende, ja Millionen andere Möglichkeiten, bestimmt von Zeit, Licht und Stimmung und noch vielen, schwer ausdrückbaren Faktoren. Und soviele Fotos man auch machen wird: jedes wird im wahrsten Sinne ‚augen-blicklich' sein, zu einer Form erstarrt auf einem Negativ.
Hast du schon einmal darüber nachgedacht, daß ‚negativ' vor allem verneinend, bösartig, lebensfeindlich bedeutet? Sogar Worte können dem, der zuhören kann, den Weg zum Quell des Lebens weisen.
Verzeih mir, wenn ich abschweife: denn die Momentaufnahmen, von denen ich eben gesprochen habe, um verständlich zu machen, was ich meine, werden ja täglich überall angefertigt. Nicht nur zum harmlosen Andenken im Familienalbum. Sondern von Kranken, als Grundlage für ihre Behandlung. Das mag in dem einen oder anderen Fall ja hilfreich sein. Aber vor allem muß ein Heiler die Individualität eines Menschen, eines jeden Menschen, respektieren. Er muß ihn mit all seinen Sinnen aufnehmen, ehe er helfen kann. Da jeder Patient sein ganz persönliches Schicksal erleidet, muß der Heiler mit ihm fühlen, seine Aura erfassen, Intuition haben, wie sein Weg zur Gesundheit gefunden werden kann.
Deshalb kann ich mir nicht vorstellen, daß medizinische Check-ups nützlich sein können. Mir scheint, auch hier weist uns die Sprache den Pfad: Check-up, das ist ein Begriff aus der Welt der Maschinen, der toten Materie. Ein Auto muß selbstverständlich nach einer Strichliste geprüft werden: Auch ich möchte nicht, daß die Bremsen meines Wohnwagens versagen. Aber ich weiß doch ganz genau, daß sich dieser Wunsch auf ein von menschlichem Erfindergeist geschaffenes Hilfsmittel bezieht. Die Geister der Technik, die dienstbar gemacht worden sind, müssen unter Kontrolle gehalten werden. Sie müssen nach gewissen Normen funktionieren: Aber wir Menschen doch nicht!"

Pilar gießt sich einen Strahl Rotwein aus einem Puron — ein karaffenartiges Gefäß mit einem Schnabel, aus dem in Spanien Wein getrunken wird — in die Kehle, schaut mir offen lächelnd in die Augen, hebt die Schultern.
„Ich will nicht in den Fehler verfallen, anzuklagen", sagt sie, „ich benutze diese Vergleiche nur, weil ich hoffe, mich mit ihrer Hilfe verständlich zu machen.
Nehmen wir also den Faden vom Anfang unseres Gesprächs wieder auf: Ich sagte dir, daß das äußere Erscheinungsbild nur ein Teil der Wirklichkeit ist. Jeder Mensch, jedes Tier, jede Pflanze hat ihre ganz persönliche Ausstrahlung. Ja, sogar Mineralien haben eine Aura.
Wenn ich durch einen Wald gehe, fühle ich, wie die Bäume, die Pflanzen, die Tiere und die Steine miteinander in Kontakt stehen. Ich spüre, ob es gute oder schlechte Plätze sind. Die Schwingungen sind nicht immer gleich. Sie sind von Stimmungen abhängig, von Sonne, Mond und Sternen.

Wenn ich Heilkräuter sammle, spreche ich mit ihnen. Nicht laut, aber intensiv, mit meinem ganzen Wesen. Ich wende mich ihnen zu und bitte um ihre Hilfe. Verweigern sie sich, suche ich bei anderen Verständnis. Denn ich weiß, daß die Pflanzen, die sich nicht freiwillig opfern, sich auf ihre Weise wehren: Werden sie brutal gebrochen, versiegeln sie ihre guten Kräfte und haben nur einen Bruchteil ihrer möglichen Wirkung.
Niemals würde ich Kräuter ausrupfen, um sie zu vergeuden. Ich pflücke nur Blätter und Blüten, nehme nur die Wurzeln und den Teil der Rinde, nur die Früchte, die einverstanden sind und die ich wirklich brauche. Ich könnte nicht ruhig schlafen, wenn ich nicht dafür sorgte, daß alle lebensnotwendigen Triebe erhalten bleiben. Muß ich ein ganzes Kraut mit der Wurzel ernten, so lasse ich immer das kräftigste stehen, damit ringsherum neues Heilkraut wachsen kann.
Nachdem ich genommen habe, was mir erlaubt war, bedanke ich mich bei den Pflanzen für ihr Geschenk. Ich verspreche ihnen, daß ich sie mit guten Gedanken begleiten werde, bei ihrer Aufgabe, auf unserem Planeten das Leben zu erhalten.
Wenn du dich darauf einstellst, wirst du bemerken, daß kein Blatt haargenau wie ein anderes ist, keine Blüte, kein Baum. Alles Lebendige trägt in sich eine unauswechselbare Individualität: Pflanzen, Tiere, Menschen. Und nur Lebendiges kann wieder Leben spenden.
Eure Wissenschaftler denken, wenn sie alles analysieren und in chemische Formeln zerlegen, seien sie dem Geheimnis auf der Spur. In meinen Augen ist das Gegenteil der Fall. Denn sie können die Zutaten, die sie

künstlich herstellen, zusammenmischen, solange sie wollen: Lebendiges wird daraus nicht, weil der Funke des Lebens fehlt.
Für mich ist es nicht dasselbe, ob ich eine Zitrone esse oder synthetisch hergestelltes Vitamin C einnehme, ebenso wie Weidenrinde gegen Schmerzen meines Erachtens besser ist als Salizylsäure.
Denke an die unantastbare Individualität eines jeden Menschen, wenn du meine Heilrezepte ausprobierst. Verwende sie nicht schematisch. Man muß die Reaktion des Kranken beachten. Vergiß nie, daß er ja nicht nur an der äußerlich sichtbaren Krankheit leidet, sondern daß er schicksalhaft damit verbunden ist. Wenn ein Mittel nicht hilft, mag ihm ein anderes bekommen. Oft sind deshalb mehrere Möglichkeiten für den Weg zur Besserung angegeben.
Die Sammlung meiner Rezepte hat schon meine Urgroßmutter vor vielen, vielen Jahren von ihrer Muhme bekommen. Sie sind aus längst vergangenen Zeiten überliefert. Und ich habe sie mein Leben lang mit Erfolg angewendet.
Es sind erprobte, altbewährte Mittel aus des guten Schöpfers großem Garten der Natur, um die inneren Kräfte zur Selbstheilung zu fördern, die jeder Mensch tief in sich trägt."

Sieben goldene Gesundheitsregeln

„Wir alle wissen", sagt Pilar, „daß Gesundheit das höchste Gut des Menschen ist. Wie man sie sich erhält?
Dazu gehört vor allem die Harmonie von Körper und Seele, der Einklang von Denken, Fühlen und Wollen in uns selbst. Es hat keinen Zweck, Gesundheit rein materialistisch zu betrachten, etwa daß sie sich nach zwanzig Kniebeugen einstelle. Oder nach einem Waldlauf. Oder nach sechs Runden schwimmen.
Es fällt mir schwer, zu beschreiben, was ich weiß. Es macht mir Kummer, daß ich in diesem Zusammenhang immer wieder zu negativen Beispielen greifen muß, um mich verständlich zu machen. Gesundheit kann nicht nach schematischen Grundsätzen erhalten, abgecheckt, repariert werden.
Wenn Jogging Mode ist, machen das alle mit, oder viele. Und nicht für jeden ist das gesund.

Wer gesund sein und bleiben will, muß sich mit den ihm angeborenen körperlichen, geistigen und seelischen Fähigkeiten beschäftigen. Es hat keinen Zweck, etwas zu tun — etwas von außen Kommendes —, nur weil es gerade ‚in' ist und auch der Nachbar hinterher rennt.
Ich kann mich bemühen, einen Weg zu weisen. Herausfinden muß aber jeder Mensch für sich selbst, was ihm zugute kommt. Ganz sicher aber ist, daß Angst krank macht. Und mit der Angst lebt ihr Gadsche ja sozusagen von der Wiege bis zur Bahre:
Angst vor dem Versagen im Kindergarten, in der Schule, im Beruf. Angst vor der Zukunft, Angst vor dem Tod, Angst vor Vorgesetzten, Angst vor dummen, tratschsüchtigen Nachbarn, Angst, verlassen zu werden, Angst, ungeliebt und einsam zu sein und zu bleiben. Ein Katalog des Schreckens, den ich seitenlang mühelos weiterführen könnte. Wer gesund bleiben möchte, muß heraus aus dem Teufelskreis der Angst.

Deshalb heißt mein allererster Rat

1. Sei mutig. Stelle dich und finde zu dir selbst. Laß dich nicht in eine Rolle pressen, die andere von dir erwarten und die von dir selbst allenfalls ein blasses Abziehbild ist.
Tu nicht so, als ob!
Wünsch dir, um ein Beispiel zu nennen, keine andere Nase, keinen anderen Busen, keine anderen Beine, als du sie bekommen hast. Akzeptiere, daß dein Körper, deine Seele und deine geistigen Fähigkeiten alle drei gemeinsam deine Hülle sind für dieses Leben. Liebe diese Hülle. Fühl dich wohl in deiner Haut.

2. Lausche auf deine innere Uhr. Nenn sie meinethalben auch deinen Engel oder deinen guten Geist. Wecke deine kreativen Kräfte, benutze sie und freue dich darüber. Laß dir nicht einreden, du habest keine schöpferischen Fähigkeiten. Jeder Mensch trägt sie in sich: Sieh doch nur Kindern beim Spielen zu, ehe sie verbogen worden sind. Auch du kannst dieses wundervolle Kind in dir befreien. Schließe die Augen und höre konzentriert Musik, sie wird dir auf dem Weg dahin helfen.

3. Vermeide alle negativen Gefühle wie Neid, Mißgunst, Habgier, weil sie deine Ausstrahlung verderben und weil sie dich auf die Dauer vergiften. Sie *kränken* im wahrsten Sinne des Wortes. Haß und Verachtung, die du für andere fühlst, fallen immer auf dich selbst zurück. Geh offen auf deine Mitmenschen zu. Wenn du aber spürst, daß einer deiner Freunde oder Bekannten dem Dämon der Intoleranz verfallen ist, zieh dich zurück.

Verdamme ihn nicht, aber hüte dich vor der Ansteckung durch die negativen Gefühle. Denke bewußt positiv, jeden Abend, ehe du einschläfst, und morgens, ehe du aufstehst. Hast du eine schlechte Erfahrung gemacht, versuche, aus der Not eine Tugend zu machen. Du wirst herausfinden, daß sie auch positive Seiten für dich haben kann.

4. Laß dich nicht zu materialistischem Denken verführen. Glaub der Werbung nicht, die dir einreden will, du würdest glücklicher oder begehrter, wenn du dies oder jenes Produkt kaufst. Selbstverständlich sollst du dich freuen, wenn du beispielsweise ein neues Kleid oder ein neues Auto oder ein neues Möbelstück erworben hast. Mißversteh mich nicht. Denn freuen sollst du dich auf dieser Erde, so oft du nur eben kannst. Aber hüte dich davor zu glauben, daß Besitz glücklich macht.

5. Suche bewußt den Kontakt mit der Natur, dem Quell des Lebens. Versuche, sie in dich aufzunehmen, beim Spazierengehen, beim Wandern, bei der Gartenarbeit. Lausche und schaue ohne Hast. Und sammle deine positive Ausstrahlung, wende dich den Pflanzen und Bäumen zu, sprich mit ihnen. Mit ein wenig Geduld wirst du fühlen, daß sie dir antworten.

6. Ernähre dich, wenn es dir irgendmöglich ist, mit natürlichen, chemisch nicht behandelten Produkten. Iß lieber weniger, aber qualitativ gut. Meide zuviel Fleisch und Süßes. Würze mit Bärlauch, wenn es da ist, und ansonsten mit Knoblauch. Verwende nur wenig Salz. Wärme die Speisen nicht auf. Trinke mindestens einen Liter Flüssigkeit täglich.
Verwende keine Fette aus der Retorte, die künstlich gehärtet wurden. Am besten nur reines, kalt gepreßtes Olivenöl oder Maisöl oder unverseuchte Süßrahmbutter.
Auch bei der Ernährung kannst du deiner inneren Stimme vertrauen. Meide, was du nicht magst.
Und fang nicht an, dich ständig auf die Waage zu stellen und nach dem sogenannten Idealgewicht zu schielen. Auch diese Angaben sind für mich Blendwerk aus dem Gewerbe der Statistiker: Durchschnittswerte, nach denen die Menschen zurechtgebogen werden sollen. Im Namen der Gesundheit! Dabei ist ein Mensch schlank und sehnig und der andere molliger. Es kommt einzig darauf an, sich selbst wohl zu fühlen.

7. Nimm täglich den Heil-aller-Schäden-Trank (siehe Seite 31) und den Gitano-Bitter (siehe Seite 32) zu dir. Auch bei den Mengenangaben mußt du herausfinden, was dir am besten bekommt. Denn ich kann nur Fingerzeige geben, keine schematisch anzuwendenden absoluten Wahrhei-

ten. Außerdem hat jeder Körper seinen ganz persönlichen Schwachpunkt. Zweifellos kennst du den deinen schon. Schütze dieses Organ besonders. Um ein Beispiel zu nennen: Wer schnell Halsweh bekommt, muß unbedingt Zugluft meiden. Und er sollte einen Schal tragen.

Jeder kann sich aus meinen Rezepten für seinen eigenen Schwachpunkt das Mittel heraussuchen, mit dem er seine Abwehrkräfte stählen kann.
Allgemein hilfreich aber ist, die Kraft der Mandeln zu nutzen: drei bis sechs am Tag eingenommen, spenden uns die Fähigkeit, bis ins hohe Alter hinein körperlich und geistig gesund zu bleiben.
Selbstverständlich — wie traurig, daß man so etwas überhaupt hinzufügen muß — sollen es natürlich gewachsene Mandeln sein, die nicht chemisch gespritzt wurden.
Unseren Kindern geben wir, sobald sie kauen können, ein bis zwei Mandeln täglich als Lebensspender, und auch unser Hund bekommt zwei Mandeln täglich. Er begleitet uns nun schon 18 Jahre, und ich wette, das hast du ihm nicht angesehen."

Suche dir deinen Glücksstein

Von alters her fühlen wir Menschen uns von Edelsteinen magisch angezogen. Tief in uns fühlen wir den Wunsch, sie zu bewundern, sie anzufassen und auf uns wirken zu lassen.
Mit der mystischen Kraft des Edelsteins beschäftigt sich auch das Zigeuner-Märchen vom Stern-Diamanten:
Zu Zeiten lebte ein grausamer Drache in einer Höhle, der alle Einwohner in Stadt und Land tyrannisierte. Seine Macht bezog das Untier aus dem Stern-Diamanten, den es sich aus dem See des Mondes geraubt hatte. Den Schatz hatte der Drache in seinem Kopf, hinter den Augen, gefangen gesetzt.
Täglich verlangte der Böse eine Jungfrau, um sie zu verschlingen. 1312 tapfere Männer waren bereits ausgezogen, um den Drachen zu besiegen. Sie alle hatten ihr Leben verloren.
Der 1313. Held, der es versuchen wollte, war Prinz Xano. Er brachte nicht, wie andere Ritter, ein Schwert mit sich, sondern nur ein kurzes, aber handliches Messer. Und seine Gitarre. Als die Dämmerung die Berge rosa färbte, verbarg sich Prinz Xano in einem hohlen Baum gegenüber

der Drachenhöhle. Leise begann er zu spielen, eindringlich und beschwörend. Der Prinz spielte bis Mitternacht. Da kam hinter einer Wolke der Vollmond hervor und wies dem Helden den Weg in die dunkle Höhle des Drachen. Dieser war, berauscht von der Musik, eingeschlafen. Er schnarchte und spie, wie immer, Feuer durch seine Nüstern. Der Mondstrahl aber wies Prinz Xano den Weg hintenherum zum Kopf des Drachen, dorthin, wo er den geraubten Edelstein verborgen hatte. Eine der Schuppen des Untiers schloß nicht dicht und gab einen nadelwinzigen Schein des Stern-Diamanten preis. Blitzschnell setzte Prinz Xano dort sein Messer an und nahm den Edelstein in seine Hand. Der Drache starb. Der Sieger brachte den Stern-Diamanten zum See des Mondes, um ihn dort, wo er geraubt worden war, wieder zu versenken. Als der Held den Schatz aus seiner Hand gleiten lassen wollte, kräuselten sich die Wellen. „Er sei dein", raunten sie ihm zu, „er sei dein Glücksstein." Und so geschah es. Prinz Xano gewann die schöne Königstochter, und das Paar und alle seine Untertanen lebten fröhlich und in Freuden.

„Eine alte Überlieferung voller Weisheit und Symbole", sagt Pilar, „ich selbst erlebe Edelsteine wie Wunder unvergänglicher Blüten, geschaffen von unserer Mutter Erde in atemberaubendem Zusammenspiel mit dem Kosmos. Die Kräfte, die diese Sternkinder in sich tragen, können unser Leben glücklich beeinflussen."
Die Phuri Dai zeigt mir den Rubin, taubenblutrot und herzförmig, den sie an einer goldenen Kette um den Hals trägt.
„Mein Glücksstein. Willst du ihn anfassen?"
Ich nicke. Als ich das Juwel mit meiner Hand umschließe, spüre ich seine Schwingungen: Zuerst in den Fingerspitzen, die warm durchpulst werden und mir sensibler scheinen, als ich sie je empfunden habe. Dann fließt die Kraft über meinen rechten Arm zur Halswirbelsäule, verteilt sich von dort wie eine Woge über meinen Körper. Ich fühle mich stark und leicht zugleich. Ich bin ruhig, sicher und voller Mut.
Pilar lächelt mich an: „Na und?"
„Erstaunlich, verwirrend", ich suche nach dem passenden Wort, „übernatürlich."
„O, kleine Gadsche", die Phuri Dai schüttelt den Kopf, „was du so daherredest: *übernatürlich!* Auch so ein Begriff, den eure studierten Schlaumeier erfunden haben. Was ist denn übernatürlich? Etwas, was eure akademisch verbildeten Besserwisser nicht erfassen können. Und weil sie es nicht begreifen, brandmarken sie es und machen es lächerlich, als Hokuspokus, als Aberglaube und Taschenspielertrick. Weil ihnen der Sinn für die wahren Kräfte des Lebens abhanden gekommen ist! Sie be-

nutzen ihre unsägliche Arroganz nach dem Motto, daß nicht sein kann, was nicht sein darf!
Wie sagte ein berühmter Chirurg? Er habe schon zehntausend Patienten auseinandergeschnitten und niemals eine Seele dabei gefunden! Und gibt es sie deshalb vielleicht nicht? Ist die Seele etwa übernatürlich?
Für uns Gitanos — uns Zigeuner, wie ihr uns nennt — ist es ganz und gar natürlich, daß wir Ausstrahlungen und Schwingungen erleben, erkennen und in uns aufnehmen!"
„Ich habe dich nicht kränken wollen, Pilar", sage ich.
„Das weiß ich. Sonst würde ich gar nicht mit dir reden! Ich wollte dir nur bewußt machen, wie schnell ihr Gadsche — und auch du — ins Schlepptau dieser sogenannten Herren Wissenschaftler geratet. Vermutlich weil es euch von klein auf, besonders in der Schule, eingetrichtert wird."
Pilar hält inne, streichelt Tscholo, einen schwarzen, zottigen Hund, der sich ihr zu Füßen gelegt hat. Langsam zündet sie sich die Meerschaumpfeife an, die sie aus ihrer Rocktasche genommen hat.
„Ich möchte zurückkommen auf den Zauber der Edelsteine. Auch sie sind ja inzwischen allesamt von euren Forschern zerstückelt und in ihre chemischen Bestandteile aufgegliedert worden. Und was kam bei der Entzauberung heraus? Die auch dir bekannte Erkenntnis, daß ein Diamant nichts sei als ein Häufchen Kohlenstaub!"
„Ich will dir erzählen, was ich kürzlich erlebt habe", sagt sie, „ein sprichwörtlich steinreicher Mann bat mich um Hilfe."
Ein Edelsteinhändler. Er konnte den schwarzen Krokokoffer, in den er seine Kostbarkeiten eingezwängt hatte, nicht mehr tragen. Hexenschuß. Hartnäckig und schmerzhaft.
Der Kranke hatte sich von einem Facharzt zum nächsten geschleppt. Weder Spritzen, Tabletten noch Bestrahlungen halfen ihm. Im Gegenteil. Er wurde immer elender. Da er eine große Familie hat, die versorgt werden muß, geriet er in große Sorge.
Pilar konnte ihn heilen.
Zum Dank breitete der Edelsteinhändler seine Schätze vor ihr aus. Er reihte dreizehn funkelnde Brillanten nebeneinander und bat sie, sich einen davon auszusuchen.
Pilar warf nur einen Blick auf die glitzernden Einkaräter und brach in Gelächter aus.
„Hoffst du, daß ich dumm genug bin, den falschen zu wählen", fragte sie den Juwelenmann und tippte auf den siebten Stein. Der Händler wurde erst blaß, dann rot bis zu den Haarwurzeln. „Du bist die erste, die es mit bloßem Auge gesehen hat", stotterte er, „wie hast du das herausgefunden?"

Der Brillant war makellos schön, aber tatsächlich in der Retorte gefertigt.
„Ganz einfach", antwortete die Weise, „dem Surrogat fehlt die Seele, die Ausstrahlung, der Funke Leben."
Pilar wirft einen zärtlichen Blick auf ihren ständigen Begleiter, den herzförmigen Rubin, ehe sie ihn zurückgleiten läßt in ihre Bluse.
„Man muß seinen Glücksstein auf der bloßen Haut tragen", erklärt sie, „und zwar haargenau auf dem Sonnengeflecht. Das mußt du dir merken. Es ist die einzig richtige Stelle."
„Und warum?" möchte ich wissen.
„Weil der Plexus solaris, wie international der lateinische Name lautet, der wichtigste und größte zentrale Nervenknotenpunkt unseres Lebensnervensystems ist. Deshalb hat diese uns allen zunächst gar nicht so bewußte Stelle ja auch ihren Namen nach der Sonne bekommen, nach dem Gestirn, ohne das Leben auf unserer Mutter Erde nicht möglich wäre."
Pilar nimmt meine Hand und legt sie auf ihr Sonnengeflecht, auf dem ihr Glücksstein pulst.
„Es liegt auf der Vorderseite der Hauptschlagader. Dicht unter dem Zwerchfell. Auch die Nerven der Bauchorgane sind mit dem Plexus solaris verflochten."
„Und was bewirkt der Glücksstein im Zusammenspiel mit dem Sonnengeflecht?", frage ich.
„Er ist ein Schutzschild. Er fängt die verhängnisvollen Strahlungen auf, die dich treffen sollen. Aber er entwickelt nicht nur Abwehrkräfte gegen das Böse. Er wirkt wie ein Born, der dir täglich neue Kraft verleiht. Er aktiviert die positiven Lebenskräfte."
Ihren eigenen herzförmigen Glücksstein, den Rubin, dessen Schwingungen ich in meiner Hand fühlte, benutzt Pilar auch zur Heilung von Kranken.
„Ich schaue dem Leidenden in die Augen, streiche mit meinen Händen über sein Sonnengeflecht, gebe ihm meinen Glücksstein in die Hand und bitte ihn, sich ganz darauf zu konzentrieren, daß er seine Krankheit überwindet und besiegt. Manchmal lege ich auch meinen Glücksstein auf die Stirn oder den Kopf. Es kommt auf die Intuition an. Deshalb kann ich dir dazu kein Rezept geben. Für diese Art Behandlung, die sich bei Nervenschmerzen, Gürtelrose, Heuschnupfen und auch Migräne bewährt, braucht man einen Heiler. Er ist der Vermittler, der den Teufelskreis, in den der Kranke geraten ist, durchbricht."
Pilar behauptet, sie habe auch starken Rauchern so ihr gesundheitsschädliches Laster abgewöhnt, ohne daß diese später an Entzugserscheinungen litten.

Jedem Sternzeichen wird von Pilar ein Glücksstein zugeordnet:

Widder (21. 3. bis 20. 4.)
Brillant oder Bergkristall

Stier (21. 4. bis 20. 5.)
Smaragd

Zwillinge (21. 5. bis 21. 6.)
Mondstein

Krebs (22. 6. bis 22. 7.)
Rubin

Löwe (23. 7. bis 23. 8.)
Turmalin

Jungfrau (24. 8. bis 23. 9.)
Saphir

Waage (24. 9. bis 23. 10.)
Opal

Skorpion (24. 10. bis 22. 11.)
Topas

Schütze (23. 11. bis 21. 12.)
Türkis

Steinbock (22. 12. bis 20. 1.)
Granat

Wassermann (21. 1. bis 19. 2.)
Amethyst

Fische (20. 2. bis 20. 3.)
Aquamarin

„Diese mir überlieferten Zuordnungen sind für mich gute, ja sogar sehr gute Wegweiser zum Glücksstein“, sagt Pilar, „aber es wäre verkehrt, sich sklavisch daran zu halten. Denn du weißt ja, daß das Sternzeichen, unter dem wir geboren wurden, nur einen Teil unseres Wesens bestimmt. Mindestens ebenso bedeutend ist der Aszendent.“
„Und wie finde ich nun den richtigen Glücksstein, der zu mir paßt?“ frage ich.
„Entscheide dich frei und mutig für den Edelstein, der dir am besten gefällt. Denn wir sind ins Zeitalter der Individualität eingetreten. Jeder von uns muß seine ganz persönliche Verantwortung auf sich nehmen. Nur so haben wir eine Chance gegen die verbrecherischen Kräfte, die sich in Ost und West anheischig machen, unsere Erde zu zerstören.“
Erfahrung hat Pilar gelehrt, daß sich die meisten Menschen spontan den Glücksstein heraussuchen, der ihnen durch das Horoskop zugeordnet ist. Sie trafen diese Wahl unbewußt, da ihnen Pilars Zuordnung nicht bekannt war.
„Selbstverständlich kann man sich seinen Glücksstein auch schenken lassen. Wichtig ist, daß man selbst ihn innerlich annimmt, ihn ständig auf dem Sonnengeflecht trägt und seinen guten Kräften vertraut.“

Pilar rät, daß jeder, der seinen Glücksstein trägt und ihm vertraut, seine positive Auswirkung bei Familienangehörigen, die erkrankt sind, ausprobieren könne. Nicht anstatt einer Medizin, sondern zusätzlich.
„Die Kräfte zum Heilen sind in vielen Menschen angelegt. Sie sind nur verschüttet."

Sieben goldene Regeln für Kranke

„Krankheit ist", sagt Pilar, „für den Betroffenen immer wie ein Naturereignis, ein Vulkanausbruch, eine Springflut. Sie zwingt uns, innezuhalten. Wie auf einer Welle im Meer, muß man mit ihr schwimmen, nicht gegen sie, wenn man überleben will."
Gegen die Welle schwimmt, nach Meinung der weisen Heilerin, wer Krankheiten durch chemische Mittel kappt und verdrängt, statt sie zu überwinden.
„Kürzlich bat mich eine Frau um Hilfe, die eine fünfmarkstückgroße, nässende Wunde am Unterschenkel hatte. Eure Ärzte versuchten, diese Wunde durch lokale, äußerliche Behandlung so schnell wie möglich zu schließen. Vergeblich, denn sie brach immer wieder auf. Ich riet, die Wunde so lange wie möglich offen zu lassen, weil sich durch sie der Körper einen Ausweg geschaffen habe, um Giftstoffe loszuwerden. Um sie herauszuziehen, habe ich acht Tage lang Akanthus-Blätter aufgelegt. Danach schloß sich die gereinigte Wunde von selbst."
Pilar ist davon überzeugt, daß auch bei der geringsten Krankheit unser gesamter Organismus in Mitleidenschaft gezogen wird. Daß es sinnlos und gefährlich ist, nur das jeweilige Symptom zu behandeln.
„Körper und Seele muß als Gesamtheit geholfen werden."

Für akute Krankheiten hat Pilar sieben goldene Regeln aufgestellt:

1. Gib deinem Körper die Möglichkeit, Giftstoffe auszuscheiden. Trinke deshalb mindestens drei Liter Flüssigkeit täglich, über den ganzen Tag verteilt. Trinke auch nachts, falls du aufwachst. Wähle am besten den Tee, der hilft, die Krankheit zu heilen, an der du gerade leidest.

2. Sorge für eine Entleerung des Darms, notfalls durch ein Klistier.

3. Faste. Meistens haben Kranke ohnehin keinen Appetit, werden aber von ihren Angehörigen aus falscher Sorge zum Essen überredet. Belaste deinen Körper nicht mit der Arbeit der Verdauung. So behält er Kräfte frei zur Gesundung.

4. Mit Fieber hilft sich dein Körper, seine Abwehrkräfte zu mobilisieren. Drücke es nicht mit Gewalt. Um es zu senken, mache Wadenwickel. Verwende dazu aber ausschließlich natürliche Stoffe, ohne chemische Behandlung. Tauche dazu ein Baumwolltuch in handwarmes Wasser, dem der Saft einer Zitrone zugefügt wurde. Wringe das Tuch aus, wickle es um die Wade, umhülle es mit einem zweiten, trockenen Baumwolltuch und ziehe Wollstrümpfe darüber. Die Strümpfe müssen den Wickel ganz umhüllen und von kalter Luft abschließen.
Wenn das Fieber hoch ist, mache jede halbe Stunde einen neuen Wickel.

5. Koche einen Zweig Rosmarin in Wasser und stelle das Gefäß mit dem Wasser neben dein Bett, dazu Waschlappen und Handtücher. Hast du geschwitzt und damit Giftstoffe ausgeschieden, wasche dich schnell mit dem Rosmarin-Wasser ab. Trockne dich gründlich. Wechsle Leib- und Bettwäsche. Ziehe niemals verschwitzte Sachen wieder an, ehe sie gut gewaschen sind. Denn die von deinem Körper ausgeschiedenen Giftstoffe werden sonst durch die Haut wieder aufgenommen.

6. Laß eine Handvoll Thymian und eine Handvoll Rosmarin langsam in deinem Zimmer verbrennen, damit die Luft gereinigt wird. Sorge für frische Luft, aber hüte dich vor Zugluft.

7. Hadere nicht, denke bewußt positiv. Genieße die erzwungene Ruhe, die dich deiner Pflichten enthebt. Erinnere dich an schöne Stunden, freue dich auf die, die noch kommen werden. Vertraue deinem guten Stern. Wisse: Eine Krankheit, die du überwindest, macht dich stärker.

Ein Apotheker testet die Rezepte

Apotheker Helmut Wenning hat die Rezepte der Zigeunerheilerin Pilar geprüft und für pharmakologisch wirksam befunden. Hier sein Kommentar:

„Ich gestehe, daß ich skeptisch war. Schließlich bin ich approbierter Apotheker, habe nach naturwissenschaftlichen Kriterien studiert und lange Zeit in der Forschung und Entwicklung gearbeitet. Ich war, um ehrlich zu sein, der sogenannten Schulmedizin verschworen.

Nachdenklich wurde ich, weil immer mehr Verzweifelte Hilfe in meiner Apotheke suchten. Menschen mit chronisch gewordenen inneren Krankheiten, die mir ihr Herz ausschütteten. Sie hatten schon so viele verschiedene, immer neue und angeblich bessere Medikamente eingenommen, hatten sich Heilung erhofft und fühlten sich danach in einen wahren Teufelskreis von Leiden verstrickt . . .

In meiner Freizeit hatte ich mich früher mit Astrologie beschäftigt. Eines abends, als die Sterne günstig standen, besuchte ich Freunde in Rosenheim. Dort begegnete ich der Autorin Wanja von Hausen, die noch ganz unter dem Eindruck ihrer Begegnung mit der Heilerin Pilar stand.

Die Journalistin übergab mir die Rezepte zur Überprüfung. Eine sehr lange Zeit habe ich mich intensiv mit ihnen beschäftigt und die meisten für sehr gut befunden. Kunden von mir haben sie angewandt und sind gesund geworden.

Wenige Rezepte der Pilar habe ich ausgesondert, weil sie nach unseren heutigen Erkenntnissen nicht mehr benutzt werden sollten. Bei manchen, beispielsweise bei der Verwendung von Ziegenbutter zur Zubereitung der ‚Salbe Sonnenbraut' würde ich eine neutrale Salbengrundlage vorschlagen. Obleich ich nicht bestreiten möchte, daß möglicherweise Ziegenbutter, trotz ihres unangenehmen Geruchs, eine besonders adstringierende Wirkung erzielen mag.

Längst scheint mir auch die noch immer gültige Lehrmeinung zweifelhaft, daß synthetisierte Stoffe dieselbe Wirkung erzielen wie natürlich gewachsene. Vielleicht stimmt, was die Phuri Dai Pilar sagt, ‚daß ihnen der Funken wirklichen Lebens fehlt'.
Ich glaube, daß wir Menschen alle eine mystische Ader haben. Selbst die, die es nicht zugeben wollen. Für uns alle kommt es entscheidend darauf an, welches Vertrauen wir in die Medizin setzen, die uns helfen soll. Vorausgesetzt, wir schlucken keine Medikamente, deren Nebenwirkungen verheerend sind. Jedenfalls sollten wir solche Gefahren vermeiden, solange es Mittel, wirksame Mittel gibt, die uns im Einklang mit der Natur gesund machen können."

Die Rezepte der Phuri Dai Pilar

Ich gestehe, daß die Begegnung mit der Phuri Dai Pilar mein Leben verändert hat. Sechs Wochen habe ich mit ihr verbracht. Ich habe die geheimen Rezepte ihrer Zigeuner-Medizin aufgeschrieben, wie sie es wünschte.
Würde und Werte der weisen Frau, die so verschieden von den unseren sind, habe ich achten und lieben gelernt.
Nachdem ich meine Notizen überarbeitet hatte und sich daraus viele Fragen ergaben, traf ich die Heilerin wieder. Wir blieben noch einmal dreizehn Tage zusammen.
Auch bei meinem zweiten Besuch war ich bezaubert.
Inmitten des Zigeuner-Clans fühlte ich mich wie auf einer fast unglaublichen Reise zu einem anderen Stern: Und doch weilten wir — nur eine knappe Autostunde von der nächsten spanischen Stadt entfernt — auf unserer guten, alten, soviel geschundenen Mutter Erde.
Die Gitanos haben ihr die Zuneigung bewahrt, während wir mit Sehnsucht die Einheit von Natur und Mensch suchen, die auch uns noch in alten Liedern überliefert ist.

Gitarren-Dschango, wie er von seinen Leuten genannt wird, schlendert barfuß über den staubigen Boden des Lagers bis zu mir. Er kniet nieder, spielt die Melodie:
„Am Brunnen vor dem Tore, da steht ein Lindenbaum, ich träumt' in seinem Schatten gar manchen schönen Traum . . ."
Ich fühle Tränen in meinen Augen.
Unsere Bäume und unsere Träume — wo sind sie geblieben?
„Wo wohl?" fragt Pilar, „der Teufel lacht darüber! Und er hat weiß Gott allen Grund dazu! Hand aufs Herz: Wenn es nicht so traurig wäre, wäre es doch wirklich zum Lachen! Wie verbissen eure Machthaber an dem Ast sägen, auf dem sie selber sitzen! Und immerhin auch *ihre* Kinder!

Die Herren, die das Sagen haben, verbrauchen die Natur, als lebten wir auf einem Wegwerfstern."
Deshalb müßten sich die Menschen guten Willens, gleichgültig welcher Herkunft, Rasse, Nation oder Religion, zusammenfinden, um zu retten, was zu retten sei.
„Sonne, Mond und Sterne, das ganze Himmelszelt, unser Planet und wir Menschen sind in ewigem Rhythmus miteinander verbunden. Sogar die scheinbar starren Steine. Sie geben ihre Minaralien ab an die Pflanzen, ohne die wir nicht leben könnten. Die Pflanzen aber sind lebendige Mittler zwischen Sonne, Erde, Mond und Wasser. Sie nähren und heilen uns. Und auch unsere Brüder, die Tiere!"
Wer die Harmonie der Natur mißachte, mißhandle auch seine eigene Gesundheit. Er zerstöre nicht nur die heilenden Kräuter, sondern auch die guten Geister, die ihn auf seinem Lebensweg beschützen und stützen könnten.
„Willst du wissen, wie die sieben Todsünden unserer Zeit auftreten?" Pilar legt die schmalen Hände aneinander, hebt sie, wie Betende auf mittelalterlichen Gemälden.
Ich nicke benommen.
„Als Profitgier, Dummheit, Eitelkeit, Verachtung, Fachidioten-Kult, Partei- oder Religionsfanatismus und als Feigheit."
„Eine ‚saubere' Versammlung", sage ich.
„Es wäre ein Fehler, sie zu unterschätzen!"
„Wenn ich das täte, wäre ich dann hier?"
„Ich weiß", antwortet die Weise, „sonst würde ich meine Zeit nicht verschwenden, mit dir zu sprechen."
Wir sind uns wieder einmal einig. Aber wo sieht Pilar den Ausweg aus dem Hexenkessel, der uns zu immer neuen Gewaltakten führt?
„Geh über die Erde, versuche, sie zu erleben, wie wir Zigeuner es tun: in Demut und Dankbarkeit. Mit reinem Herzen! Noch ist es nicht zu spät! Noch entfalten die Heilkräuter der Natur ihre guten Kräfte. Noch bringen die Früchte der Mutter Erde uns Segen und Gesundheit."

Als starke Medizin, als Wall gegen die Zerstörungskräfte des Bösen sieht die Phuri Dai unsere innere Einstellung an.
„Wenn wir uns ihr in Demut, Dankbarkeit und Offenheit nähern, wird jede Heilpflanze uns belohnen."
Und wie nähern wir uns ihr? Stadtkinder, wie die meisten von uns es sind, die aus eigener Erfahrung gerade noch eine Kastanie vom Apfelbaum unterscheiden können?
„Ihr könnt doch alle lesen! Gesundheit kann man lesen! Als ersten

Schritt! Wenn du ihn hinter dir hast, mußt du das Erfahrene tief in dich aufnehmen."
Und der zweite Schritt?
„Geh hinaus und wandere! Suche dir eine Heilpflanze aus und wende dich ihr zu. Nicht ausrupfen, sondern Zwiesprache mit ihr halten! Du sollst nicht, wie ein schlechter Liebhaber, eine Strichliste abhaken, nach dem Motto: Je mehr, je besser, je erfolgreicher. Mach das Gegenteil: Beschäftige dich mit einer Pflanze. Gemach, geduldig. Du wirst erleben, wieviel sie dir an Kraft vermitteln wird. Wenn du ihr dein Herz öffnest!"
Weil Frauen den lebenserhaltenden Gefühlen stärker verbunden seien als Männer, ist die Kunst des Heilens bei den Gitanos den Frauen vorbehalten. Sie wird von Generation zu Generation mündlich weitergegeben.
„Aber wenn ein Mann mit magischen, guten Kräften geboren ist", sagt Pilar, „verschließen wir uns ihm nicht. Denn in unserer Endzeit gilt es, alle guten Kräfte zu sammeln."

Was können wir für unsere Gesundheit tun?
„Alle meine Rezepte beziehen sich auf Pflanzen, die auf naturbelassenem Boden gewachsen sind, auf Früchte, die nicht chemisch behandelt wurden. Nur sie vermitteln wahre Harmonie für den Körper. Denn die im kosmischen Zusammenspiel zwischen Himmel und Erde der Pflanze eingeborenen und eingewachsenen Spurenelemente sind vielfältiger als ein Kaleidoskop."
Wenn von Olivenöl die Rede ist in Pilars Rezepten, handelt es sich immer um die erste Pressung: Aceite extra virgen, um „jungfräuliches" Öl.
„Nur darin sind die wertvollen Inhaltsstoffe nicht durch Hitze zerstört. Aber bewahre es nicht in Metall-Kanistern auf. Und auch nicht in hellem Glas. Am besten in einer dunklen Flasche. Denn die wertvollen Inhaltsstoffe sind lichtempfindlich und müssen, wie die Haut von uns Menschen, geschützt werden."
Die Maßeinheit 1 Tasse in den Rezepten bezieht sich immer auf eine große, auch bei uns übliche Kräuterteetasse, die etwa einen Viertelliter Flüssigkeit faßt.

„Pilar", frage ich, „und wie stehst du zur Schulmedizin?"
„Ja", sagt Pilar, „ich weiß, daß ich bei akuten und bei vielen chronischen Krankheiten helfen kann. Aber ich bin keine Fanatikerin, die die Schulmedizin in Grund und Boden verdammt. Ich weiß, daß sie ihre Verdienste hat. Daß Krankheiten, die früher oft tödlich verliefen, heute geheilt werden können. Bei einer Blinddarmentzündung, bei einem Unfall — um zwei Beispiele zu nennen — würde auch ich mich, für mich und die

Meinen, an ein gutes Krankenhaus wenden. Ich bewundere, was die Chirurgie heute leisten kann."
Pilar hat mir auch Rezepte, die ihr selbst überliefert worden sind, gegen Infektionskrankheiten wie Scharlach, Diphterie und Keuchhusten mitgeteilt. Aber sie selbst blieb skeptisch, sah sie in unseren Zeiten nur als unterstützende Maßnahmen an. Derselben Ansicht war Apotheker Helmut Wenning. Deshalb habe ich diese Rezepte in meinem Buch nicht erwähnt, um Mißverständnisse und Mißbrauch zu vermeiden.
Meiner Familie und mir haben Pilars Mittel eine stabile Gesundheit beschert.

Pilars geheime Hausapotheke

„Meine erste und schönste Aufgabe ist, die Gesundheit zu bewahren", sagt Pilar, „ehe ich heilen helfen muß, bemühe ich mich um Vorsorge: Steigerung der Abwehrkräfte. Erhaltung und Wiedergewinn der Lebenskräfte, damit wir während unserer Erdentage bis ins hohe Alter fit und fröhlich bleiben.
Dazu nehme ich meine Lebenselixiere, den ‚Heil-aller-Schäden-Trank' und den ‚Gitano-Bitter'. Dritter im Bunde ist der ‚Jungbrunnen Zigeunerkraut'."
Die „magischen Drei" betrachtet Pilar als die Grundsteine, auf denen das solide Gebäude ihrer oft erprobten Medizin errichtet ist.
Deshalb sollen die „magischen Drei" die Sammlung der Rezepte eröffnen:
„Meine beiden Lebens-Elixiere sind so gegensätzlich wie Sonne und Mond", sagt Pilar. „Und sie ergänzen einander, genau wie die beiden Gestirne, von denen wir Menschen täglich so stark beeinflußt werden."
Ehe die Phuri Dai mir ihre Rezepte verrät, spricht sie, den Blick auf die Pappeln am Ufer des Ebro gerichtet, von ihrer uralten Muhme.
„Sie hat mir vor langer, langer Zeit ihre Geheimnisse anvertraut. Damals war ich noch fast ein Kind. Aber sie hatte mich auserwählt, ihre Nachfolgerin zu werden. So wie sie selbst einst erwählt worden war, um zu heilen und Wissen zu bewahren. Wissen, das unsere Ahnen auf den langen Wanderwegen über unsere Erde erworben hatten."

Heil-aller-Schäden-Trank

2 Handvoll Mistelblätter und Stengel

7 Mistelbeeren

Trockener Weißwein

Echtes Bienenwachs

Ihn ordnet Pilar der Sonne zu. Gewonnen wird er aus der Kraft der Mistel, die auf einer Eiche gewachsen ist. Schon die Druiden, die weiß gekleideten Priester der Kelten, verehrten vor rund 2000 Jahren die seltene, immergrüne Pflanze mit den falben Beeren. Sie wurde für zauberkräftig gehalten.

Ausschließlich in der Nacht des Neumonds, der der Wintersonnenwende folgt, darf die heilsame Mistel gepflückt werden.

„Der Zeitpunkt für die Ernte muß der kosmischen Kräfte wegen unbedingt eingehalten werden. Keinesfalls darf die Mistel mit Metall in Berührung kommen. Es sei denn, man habe dafür, wie einst die Druiden, eine goldene Sichel."

Gleich nach der Ernte werden die Mistelblätter und Stengel mit der Hand kleingezupft und in eine dunkle Flasche gefüllt.

7 Mistelbeeren werden hinzugegeben.

Dann wird die Flasche mit trockenem Weißwein aufgefüllt, mit einem Naturkorken fest verschlossen und anschließend mit echtem Bienenwachs versiegelt.

Für die Dauer eines Mondes (28 Tage) wird die Flasche in der Erde vergraben, mindestens 30 cm tief. Die Flasche muß so gelagert werden, daß der Hals von Ost nach West zeigt.

Nach einem Mond ist der „Heil-aller-Schäden-Trank" ausgereift.

Anwendung: 2 x täglich ein Likörglas einnehmen. Morgens nüchtern und abends vor dem Schlafengehen.

Pilar: „Wir nehmen den ‚Heil-aller-Schäden-Trank' zur Vorbeugung, auch ohne an akuten Beschwerden zu leiden, weil wir wissen, daß er Kreislauf und Herz stärkt. Er fördert den Stoffwechsel auf sanfte Art: Zu hohen Blutdruck senkt er, zu niedrigen belebt er. Der ‚Heil-aller-Schäden-Trank' aktiviert die Abwehrkräfte des Körpers."

Der geheimnisvolle Ruf der Mistel hat sich bis heute im Volksmund erhalten: Sie wird auch Hexenbraut, Donnerbesen, Kreuzholz, Alpranke,

Immer- und Wintergrün, Vogelkraut und „Heil-aller-Schäden“ genannt. Pilar ist überzeugt, daß ihre daraus gewonnene Medizin, wenn sie rechtzeitig und regelmäßig in kleinen Dosen eingenommen wird, Krankheiten wie Bluthochdruck, Schlaganfall, Herzinfarkt, Arterienverkalkung, Rheuma, Gicht, Arthrose und viele Leiden mehr verhindere.
„Ich weiß“, sagt sie, „daß der ‚Heil-aller-Schäden-Trank‘ unsere Körper- und Seelenkräfte stärkt! Daß er Mut, Gesundheit und Abwehrkräfte verleiht: Ja, daß er auch Geschwüre, Tumor und Krebs bannen kann.“

Gitano Bitter

12 Teile Liebstöckelwurzel
15 Teile Angelika
5 Teile Tormentill
4 Teile Rhabarber
15 Teile Petersilie
12 Teile Kalmus
3 Teile Muskat
1,5 Teile Aloe
1,5 Teile Curcuma
10 Teile Ingwer
1,3 Teile Galgant
1,2 Teile Krokus
15 Teile Kaiserwurz
45 Teile Weißdorn
7 Teile Artischocken
14 Teile Schafgarbe
40 Teile Tee de roca
Spanisches Felsenkraut
50%iger Weingeist

Dem Mond, der Ebbe und Flut gestaltet, ordnet Pilar ihr zweites Lebens-Elixier zu, den Gitano Bitter.

Die Zutaten werden im Mörser zerstampft und mit dem Weingeist angesetzt.
13 Tage im Dunkeln stehen lassen. Jeden Tag einmal durchschütteln.
Nach 13 Tagen abseihen und mit ebensoviel Regenwasser wie Weingeist verdünnen.

Anwendung: 2 x täglich ein Likörglas nach dem Essen trinken.

„Seine Heilkräfte wirken Wunder", sagt Pilar, „er regt die Verdauung an, stärkt Magen und Darmtätigkeit, reinigt das Blut, treibt Giftstoffe aus dem Körper, unterstützt die Arbeit der Bauchspeicheldrüse. Zur Vorbeugung gegen Krankheiten und zur Aktivierung der Abwehrkräfte ist er ebenso unentbehrlich wie zur Heilung akuter Beschwerden, wie Koliken, Magen- und Darmkrämpfen."

Jungbrunnen Zigeunerkraut

Die wunderbaren Heilkräfte des Bärlauch (Allium ursinum) waren Kelten, Germanen und Römern bekannt. Sie gaben dem unscheinbaren, wild wachsenden Liliengewächs sogar den allumfassenden Namen herba salutaris = Heilkraut.
Diese uralten Kenntnisse gerieten in Vergessenheit. Aber nicht bei den Zigeunern, die im Frühjahr den Bärlauch sammeln und essen. So bekam der Bärlauch seinen Beinamen Zigeunerkraut, vor dessen intensivem Knoblauchgeruch sich Herr und Frau Saubermann schüttelten.

Anwendung: Am besten wird der Bärlauch frisch gegessen, im Frühling, vor der Blüte zu einer Kur. Mindestens sechs Wochen lang täglich eine Handvoll davon, zu Brot, Salat oder unter Quark gemischt essen.

Zigeunerkraut reinigt das Blut und die Därme, baut die Darmflora auf, wirkt gegen Akne, Flechten und Ekzeme. Es senkt hohen Blutdruck, verhindert Arteriosklerose, steigert die körpereigenen Abwehrkräfte. Die Zigeuner nehmen es auch als Mittel gegen Ansteckung bei Epidemien.

Eingelegte Bärlauchblätter

Bärlauchblätter

kalt gepreßtes Olivenöl

Ein Vorrat des wunderbaren Heilkrauts wird angelegt, indem die frischen Blätter kurz vor der Blüte geerntet werden. Die Blätter werden kleingeschnitten und in kalt gepreßtes Olivenöl gelegt. Das Gefäß gut verschließen und vor Licht schützen.

Anwendung: Täglich einen Teelöffel voll davon einnehmen.

Wenn der Vorrat an Zigeunerkraut ausgegangen ist, werden als fast gleichwertiger Ersatz Knoblauchzehen verwendet.
Die Wirkstoffe des Bärlauch können auch in einer Tinktur für die Zeit des Jahres verfügbar gemacht werden, in der es kein frisches Zigeunerkraut gibt.

Zigeunerkraut-Tinktur

Bärlauchblätter

45%iger Alkohol

Im Morgentau werden vor der Blüte frische Zigeunerkrautblätter geerntet und kleingeschnitten. Sie müssen möglichst sofort verarbeitet werden, damit die wertvollen ätherischen Öle nicht verduften. Die kleingeschnittenen Blätter fest in ein Glas mit Schraubverschluß schichten.
Darüber 45%igen Alkohol gießen, darauf achten, daß alle Blätter bedeckt sind, und das Glas gut verschließen. Einen Mond im Dunkeln ziehen lassen. Alle drei Tage einmal gut durchschütteln.
Danach durch ein Mulltuch abseihen und in eine dunkle Tropfflasche füllen, die gut verschlossen werden muß.

Anwendung: 3 x täglich 20 Tropfen vor dem Essen in Wasser, Tee oder direkt auf die Zunge geträufelt einnehmen.

„Die magischen Drei — den ‚Heil-aller-Schäden-Trank', den ‚Gitano-Bitter' und den ‚Jungbrunnen Zigeunerkraut' — habe ich immer vorrätig."
Pilar zeigt mir den Wandschrank im Wohnwagen, worin sie nebeneinander im obersten Fach stehen. In den Fächern darunter zähle ich dreizehn weitere Mittel in der Hausapotheke der Phuri Dai.
„Ich möchte keines entbehren", sagt sie.
Was hält die weise Heilerin für so unentbehrlich, daß sie es jederzeit zur Hand haben möchte?

Das goldene Kreislaufmittel, Rezept siehe Seite 59
Rosmarin-Salbei-Rotwein-Elixier, Rezept siehe unten
Arnika-Total-Tinktur, Rezept siehe Seite 120
Seelen-Labsal-Tinktur, Rezept siehe Seite 148
Schmerz-Bann-Heiltrank, Rezept siehe Seite 144
Beinwell-Rosmarin-Balsam, Rezept siehe Seite 155
Pilars Baldrianwein, Rezept siehe Seite 145
Heilsalbe Sonnenbraut, Rezept siehe Seite 112
Johanniskrautöl, Rezept siehe Seite 117
Blütenöl, Rezept siehe Seite 99
Thymian-Jod-Trank, Rezept siehe Seite 42
Huflattich-Sirup, Rezept siehe Seite 46
Husten-Balsam, Rezept siehe Seite 46

Rosmarin-Salbei-Rotwein-Elixier

1 Handvoll Rosmarin

1 Handvoll Salbei

1 Liter herber Rotwein

3 Eßlöffel Honig

Rosmarin und Salbei mischen und in einen Tontopf füllen. Den Rotwein darübergießen. Gut zugedeckt 13 Stunden ziehen lassen.
Den Tontopf anschließend im Wasserbad erhitzen, 30 Minuten lang unter dem Siedepunkt ziehen lassen.
Auf Körpertemperatur abkühlen lassen. Dann 3 Eßlöffel Honig unterrühren.
1 Stunde gut zugedeckt stehen lassen. Durch ein Mulltuch abseihen und in dunkle, gut verschließbare Flasche abfüllen.

Anwendung: 2 x täglich ein Likörglas vor der Mittags- und Abendmahlzeit einnehmen.

Das Elixier dient zur Stärkung nach überstandenen Krankheiten.

Erkältungskrankheiten und Grippe

Auf ihren weltweiten Wanderungen durch Wald und Flur sind die Zigeuner Wind und Wetter, Regen, Kälte und kosmischen Einstrahlungen weit ungeschützter ausgesetzt als wir in unseren festen Häusern. So wurden sie Experten, um Schnupfen und Heiserkeit, Mandelentzündungen und Bronchitis, Kehlkopfkatarrh, Nasen-Nebenhöhlen-Entzündungen und weitere durch Unterkühlung ausgelöste Infektionskrankheiten erfolgreich zu bekämpfen. Denn wer krank ist, kann nicht, und schon gar nicht mit Vergnügen, auf Reisen gehen.

„Ist deshalb eure Sammlung von Rezepten für den Erkältungsbereich besonders umfangreich?" frage ich die Phuri Dai Pilar.

„Ja und nein", antwortet sie, „du mußt dir abgewöhnen, immer nur die äußerlich sichtbare Nutzanwendung zu betrachten. Selbstverständlich mußten wir Wanderer zwischen Berg und Tal uns gründlich mit allen Erscheinungsformen der durch Frieren begünstigten Infektionen auseinandersetzen. Von der Vorbeugung bis zur Heilung."

„Ist Schnupfen eine seelische Krankheit?"

„Du bist eine Gadsche und deshalb auch vernagelt kategorisch", sagt Pilar, „warum begreifst du nicht, was jedem Gitano selbstverständlich ist: Alles, was dir begegnet, ist ein Teil deines Schicksals. Pech für dich, wenn du es nicht ernst nimmst, wenn du es nicht rechtzeitig merkst und dich danach richtest. In diesem Sinne ist ein Schnupfen natürlich eine Krankheit, die an deine Tür — deine äußere Hülle, deinen Körper — klopft und Einlaß begehrt. Du mußt den ‚ungebetenen Gast' hereinlassen, ob du willst oder nicht. Du kannst von seinem Eintritt lernen, wenn du offen bist und ihn nicht mit Mißachtung strafst. Wenn du richtig mit dem ungebetenen Gast umgehst, um im von mir gewählten Bild zu bleiben, wird er sich sogar höflich verabschieden, ehe er durch deine Tür getreten ist. Aber jede noch so geringfügig scheinende Krankheit ist wichtig auf deinem Lebensweg. Sie kann dich, wenn du mit ihr umgehen kannst,

stärker machen. Sie kann dich, im Gegensatz dazu, aber auch schwächen und den Weg für schlimme chronische Leiden ebnen. Auf jeden Fall mußt du versuchen, das Zeichen, das sie dir geben will, zu verstehen."
Bis tief in die Nacht hinein dauert das Gespräch, in dem mir die Zigeuner-Heilerin ihre Einstellung zu Krankheiten zu erklären versucht, die grundsätzlich anders ist als jene, die unsere offizielle Schulmedizin vertritt.
„Wer sich ein Rezept gegen eine Erscheinungsform der Erkältungs-Krankheiten von mir aussucht", sagt sie, „darf nicht in den Fehler verfallen, nur etwa die tropfende Nase oder den rauhen Hals behandeln zu wollen. Es handelt sich um eine Allgemeinerkrankung. Wir betrachten die verschiedenen Symptome, in der die Erkältung in Erscheinung tritt, als zusammengehöriges Ganzes. Der Organismus des Kranken muß in die Lage versetzt werden, mit der Infektion gründlich und von innen heraus fertig zu werden."
Die Heilerin warnt davor, eine Erkältung und ihre Begleiterscheinungen durch synthetisch hergestellte Tabletten im Schnellverfahren zu verdrängen.
„Die Erkältung muß überwunden und von Grund auf geheilt werden. Sonst hat sie später, oft erst nach Jahren, wenn man die ursprüngliche Infektion längst vergessen hat, mitunter verheerende Folgen. Jeder Körper, der nicht in Ruhe Kräfte entwickeln durfte, um mit seiner Krankheit fertig zu werden, rächt sich irgendwann dafür, daß er nur, wie eine Maschine, repariert wurde."
Weil Zigeuner das Wissen um die Gesamtheit des Körpers in sich tragen, hüten sie sich davor, Erkältungen auf die leichte Schulter zu nehmen. Sie sorgen dafür, sie gründlich auszukurieren.

Bei den allerersten Anfängen einer aufkommenden Erkältung, wie Schluckbeschwerden, Nasenkribbeln, Niesen, Frieren mit einem Anflug von Schüttelfrost oder kalten Füßen, hat Pilar ein Patentrezept bereit, den Thymian-Jod-Trank (siehe Seite 42).

Wer nicht das Glück hatte, den „ungebetenen Gast" Erkältung noch an der Schwelle seines Körpers abfangen zu können, dem verordnet Pilar absolute Bettruhe.
„Ich weiß, daß es lästig ist und langweilig dazu", sagt sie, „aber nur im Bett kann man die Erkältung mit Hilfe der gleichmäßigen Wärme schnell ausschwitzen. Manchmal kann man in sechs bis acht Stunden damit fertig sein."
„Bei uns heißt die Grundregel zur Erkältung: ‚Drei Tage kommt sie, drei Tage bleibt sie, drei Tage geht sie'", erkläre ich Pilar.

Sie lächelt. „Sei gewiß, du kannst sie schneller loswerden."
Damit sich alle Poren öffnen und der Körper dadurch schneller Krankheitsstoffe ausscheiden kann, legt Pilar den Patienten ihren „spanischen Mantel" an. Sie verwendet ihn zur Grundbehandlung vieler Leiden und schwört auf ihn wie auf ihre Lebenselixiere. Es ist ein Mantel aus reinem Leinen, der den Kranken von den Finger- und Zehenspitzen bis zum Hals vollständig einhüllt.
Um die Schwitzkur zu unterstützen, reicht Pilar ihren Anis-Weidenrinden-Tee (siehe Seite 43).
Je nach Geschmack bietet Pilar für denselben Zweck ein zweites, bewährtes Rezept, den Veilchenwurzel-Lungenkraut-Tee (siehe Seite 43).
Beide Tees wirken sehr schweißtreibend.

Zur Beruhigung der durch die Erkältung gereizten Schleimhäute und Bronchien hat Pilar ihren Geheimtip „saure Luft" parat. Sie unterstützt die übrigen Heilmaßnahmen und erleichtert das Atmen.
„Vor allem eure Wohnungen haben eine viel zu trockene, ungesunde Luft", sagt die Phuri Dai, „von den Klimaanlagen ganz zu schweigen."
So entsteht die heilsame „saure Luft":
Wasser im Verhältnis 2:1 mit Apfelessig oder reinem Weinessig mischen (zum Beispiel ½ Liter Wasser und ¼ Liter Essig). Die Mischung möglichst in einem Tontopf zum Kochen bringen, auf einen Rechaud stellen und im Krankenzimmer verdampfen lassen.

Schon aus der Werbung ist allgemein bekannt, daß Vitamin C hilft, Erkältungen zu verhindern und zu vertreiben.
„Ich empfehle ausschließlich natürliches Vitamin C, ausgepreßte Zitronen, Orangen oder Granatäpfel", sagt Pilar, „denn nach meiner Überzeugung kann nur natürlich Gewachsenes die Lebenskräfte vermitteln, die Genesung bringen."

Bei Erkältung und Grippe rät Pilar auch zum Fasten, um den Körper von der Arbeit der Verdauung zu entlasten. So könne er seine Abwehrkräfte sammeln und sie gezielt einsetzen gegen die Infektion.
„Mindestens drei Tage fasten. In der Zeit Orangen- oder, je nach Jahreszeit, frisch gepreßte Obstsäfte trinken. Auf jeden Fall Mohrrübensaft! Viel Flüssigkeit, damit die Giftstoffe auch über die Nieren ausgeschieden werden können."

Zur Anregung der Nierentätigkeit bei Erkältung empfiehlt sie einen leichten Tee, den Hagebutten-Kamillen-Tee (siehe Seite 44).

Auf jeden Fall soll auch bei Erkältungskrankheiten der Darm gründlich entleert werden. Dazu verhilft der Gitano-Bitter (siehe Seite 32).

Zur Anregung der Lebenskräfte gibt Pilar ihren Patienten auch immer ihr Lebenselixier „Heil-aller-Schäden-Trank" (siehe Seite 31).
Sie sagt: „Vergiß nicht, daß auch eine Erkältung individuell verläuft, bei jedem Patienten ganz so, wie seine eigenen Schwachpunkte angelegt sind. Der eine bekommt schneller Bronchitis, der andere Nebenhöhlenentzündung. Genau so hilft ein Mittel dem einen Kranken besser als das andere. Deshalb habe ich dir für dasselbe Symptom manchmal verschiedene Behandlungsmöglichkeiten genannt. Der Kranke, der auf die innere Uhr seines Körpers lauscht, wird herausfinden, was für ihn am besten ist. Manchmal ist es auch klug, die Heilmittel — Tees, Einreibungen oder Inhalationen — abzuwechseln, um damit die Abwehrkräfte des Körpers zusätzlich zu stimulieren."

Bronchialasthma

Pilars Brust-Tee

1 Handvoll Lungenkraut

1 Handvoll Malvenblüten

1 Handvoll Lavendelblüten

1 Handvoll Huflattichblätter

Einen Eßlöffel pro Tasse der Mischung mit kochendem Wasser übergießen und 13 Minuten ziehen lassen.

Anwendung: 3 bis 4 x täglich eine Tasse trinken. Der Tee kann nach Geschmack mit Honig gesüßt werden.

Pilar: „Bei einem Anfall Oberkörper und Rücken kräftig massieren, bis sich die Haut rötet. Dazu beruhigende Worte, wenn irgendmöglich beruhigende Musik. Versuche, die Angst zu bannen!"

Siehe auch Bronchitis, Seite 40f.

Bronchialkatarrh

Siehe Husten, Seite 46f.

Bronchitis

Kieferharz-Milch

1 Teelöffel Sternkieferharz

1 Tropfen Lavendelöl

1 Löffel Honig

Die Zutaten in einer Tasse warmer Milch auflösen.

Anwendung: 3 x täglich eine Tasse trinken.

Auch bei Bronchialasthma und damit verbundenem Husten zu empfehlen.

Pilars Hustentee

1 Handvoll Thymian

1 Handvoll Eukalyptusblätter

½ Handvoll Salbei

½ Handvoll Holunderblüten

Von der Mischung einen Eßlöffel für eine Tasse Tee nehmen. Die Zutaten mit kochendem Wasser überbrühen und 13 Minuten ziehen lassen.

Anwendung: 3 bis 6 x täglich eine Tasse trinken.

Am besten morgens die Tagesration zubereiten und in der Thermoskanne aufheben.

Auch bei Bronchialasthma und damit verbundenem Husten zu empfehlen.

Veilchen-Efeu-Tinktur

1 Handvoll Veilchenwurzeln

2 Handvoll Efeublätter

75%iger Alkohol

Veilchenwurzeln kleinschneiden, Efeublätter kleinschneiden. In eine Flasche füllen und mit 75%igen Alkohol auffüllen. Einen Mond in der Sonne stehen lassen. Jeden Tag gut durchschütteln. Danach abseihen. In dunkle Tropfflaschen füllen.

Anwendung: 3 x täglich 10 Tropfen mit einem Löffel braunem Zucker einnehmen. Bei Bedarf, etwa bei starkem Husten, auch mehr.

Pilars Zwiebelmilch

3 große Zwiebeln

1 Gewürznelke

1 Teelöffel brauner Zucker

1 Zweig Thymian

Die Zwiebeln kleinschneiden und mit den Schalen — nur die alleräußerste wird weggeworfen — in einen Tontopf schichten. Die restlichen Zutaten hinzufügen. Die Mischung mit Wasser gut bedecken und auf kleiner Flamme zugedeckt 2 Stunden lang köcheln lassen.
Abseihen und den Saft aus den Zwiebeln pressen.
Eine halbe Tasse Zwiebelsaft kurz vor dem Trinken mit einer halben Tasse heißer Milch auffüllen.

Anwendung: 2 bis 3 x täglich eine Tasse trinken.

Auch bei Bronchialasthma und damit verbundenem Husten zu empfehlen.

Pilar: „Leichte Massagen bringen oft Erleichterung, so daß die quälenden Hustenanfälle aufhören. Ich massiere Nacken, Hals und Schultern, streiche über Haut und Muskeln zwischen den Rippen. Dazu gebe ich

dem Kranken meinen Glücksstein in die Hand und bitte ihn, sich auf ihn zu konzentrieren, daß er ihm Heilung bringe. Die leichten Massagen können auch Angehörige durchführen und gleichzeitig ihren Glücksstein mit beruhigenden, aufmunternden Worten dem Kranken reichen."
Außerdem empfiehlt Pilar Klimaveränderung, sobald die akuten Krankheitserscheinungen, wie Fieber, abgeklungen sind.
„Waldluft heilt", sagt sie, „und die Luft des Meeres."

Erkältung, Schnupfen

Thymian-Jod-Trank

1 Eßlöffel Thymian

2 Tropfen Jodtinktur

Einen Eßlöffel Thymian für eine Tasse Tee nehmen. Den Thymian mit kochendem Wasser überbrühen und 13 Minuten ziehen lassen. Lauwarm abkühlen lassen. Vor dem Trinken 2 Tropfen Jodtinktur hinzufügen.

Anwendung: Bei den ersten Anzeichen einer Verkühlung diesen Tee sofort nach Zugabe der Jodtinktur trinken.

Der Thymian-Jod-Trank sollte nur ein einziges Mal eingenommen werden. Man darf nicht nach dem Motto „viel hilft viel" handeln, denn dadurch kann die gegenteilige Wirkung erzielt werden.

Achtung: Kranke, die an einer Überfunktion der Schilddrüse leiden, sollten den Thymian-Jod-Trank nicht verwenden.

Pilar: „Es ist ein ‚Wundermittel' mit der Kraft des Meeres. Die Welle, die es im Körper auslösen kann, vermag oft die Infektion im Keim zu erstikken. Wer aber zögert, beispielsweise noch eine Stunde länger seine Einkäufe erledigt oder wer seine Arbeit nicht unterbrechen kann, um das Mittel sofort einzunehmen, der hat den richtigen Zeitpunkt versäumt", weiß die Phuri Dai. „Denn — wie immer im Leben — müssen Zeit und Stunde günstig sein."

„Früher, als es noch nicht überall Jodtinktur zu kaufen gab, hat meine Lehrmeisterin, meine Muhme, Tang aus dem Meer verwendet. Frischen oder getrockneten."
Seit mir Pilar das so einfache Mittel verraten hat, habe ich es ausprobiert. Mit Erfolg.

Anis-Weidenrinden-Tee

1 Handvoll Anis

1 Handvoll Lindenblüten

1 Handvoll Holunderblüten

1 Handvoll Rosmarin

1 Eßlöffel im Holzmörser zerstoßene Weidenrinde

Von der Mischung einen Eßlöffel für eine Tasse Tee mit sprudelnd kochendem Wasser übergießen. 15 Minuten ziehen lassen.

Anwendung: 2 bis 3 x täglich eine Tasse schluckweise möglichst heiß trinken. Der Tee kann mit Honig gesüßt werden.

Das Mittel ist schweißtreibend. Deshalb sollte der Kranke im Bett liegen. Nach dem Schwitzen den Körper mit einem in kaltes Wasser getauchten Schwamm schnell abwaschen und mit einem vorgewärmten Handtuch abfrottieren.

Veilchenwurzel-Lungenkraut-Tee

1 Handvoll Veilchenwurzeln

1 Handvoll Wermutkraut

1 Handvoll Kamillenblüten

1 Handvoll Lungenkraut

1 Eßlöffel im Holzmörser zerstoßene Weidenrinde

Von der Mischung einen Eßlöffel für eine Tasse Tee mit sprudelnd kochendem Wasser übergießen. 13 Minuten ziehen lassen.

Anwendung: Möglichst heiß schluckweise trinken. Nach Bedarf mit Honig süßen.

Auch dieser Tee ist sehr schweißtreibend.

Hagebutten-Kamillen-Tee

1 Handvoll Hagebutten

1 Handvoll Kamillenblüten

1 Handvoll Wacholderbeeren

¼ Handvoll Petersilienwurzel

Wacholderbeeren zerquetschen, Petersilienwurzeln kleinschneiden. Von der Mischung für eine Tasse einen Eßlöffel nehmen, mit sprudelndem Wasser übergießen, 13 Minuten ziehen lassen.

Anwendung: 1 bis 3 Tassen täglich trinken.

Dieser Tee dient der Anregung der Nierentätigkeit bei Erkältungen.

Fieber

Siehe Schmerzbann-Heiltrunk, Seite 144.

Grippe

Siehe Schmerzbann-Heiltrunk, Seite 144.

Zitronen-Gurgelwasser

1 Zitrone

1 Teelöffel Meersalz

Zitronensaft und Meersalz vermischen; einen Teelöffel der Mischung auf ein Glas Wasser nehmen.

Anwendung: 3 bis 4 x täglich damit gurgeln.

Honigbonbons

1 daumengroßes Stück Honig mit Bienenwaben

Anwendung: Das Bienenwachs möglichst lange im Mund einspeicheln. Das ausgelaugte Wachs ausspucken. 2 x täglich ein Honigbonbon kauen.

Diese beiden Rezepte sollte man gemeinsam anwenden. Sie sind auch bei Heiserkeit, Mandelentzündung und Rachenkatarrh empfehlenswert.

Quittenwein

2 reife Quitten

1 Zweig Rosmarin

1 Zweig Thymian

2 Gewürznelken

1 Liter herber Weißwein

2 Eßlöffel Honig

Die Quitten reinigen und kleinschneiden. Rosmarin, Thymian und Nelken hinzufügen. In einen Tontopf legen. Den Weißwein zum Kochen bringen und über die Mischung gießen. Abkühlen lassen. Anschließend den Tontopf mit einem Leinentuch und einem Holzdeckel gut verschließen. Einen Mond lang ziehen lassen.

Durch ein Mulltuch filtern. Anschließend den Honig unterrühren und den Wein in dunkle Flaschen füllen.

Anwendung: Bei Halsschmerzen, Heiserkeit, Mandelentzündung und Rachenkatarrh 3 x täglich einen Eßlöffel davon einnehmen.

Huflattich-Gurgelwasser

½ Handvoll Huflattichblätter

½ Handvoll Huflattichblüten

½ Handvoll Eichenrinde

Die Eichenrinde im Holzmörser zerstoßen und mit einem Liter kaltem Wasser übergießen. Über Nacht stehen lassen.
Huflattichblätter und -blüten hinzufügen und auf kleiner Flamme langsam erwärmen. Kurz aufkochen und danach vom Feuer nehmen. 13 Minuten ziehen lassen. Anschließend durch ein Mulltuch abseihen.

Anwendung: Mehrmals täglich mit der Abkochung gurgeln.

Auch bei Mandelentzündung empfehlenswert.

Heiserkeit

Siehe Halsschmerzen, Seite 45 und Husten, Seite 46f.

Husten

Pilars Hustenbalsam

½ Tasse Sternkieferharz

½ Tasse kalt gepreßtes Olivenöl

7 Tropfen Thymianöl

Sternkieferharz und Olivenöl mit dem Schneebesen sämig rühren. Zum Schluß das Thymianöl unterrühren.

Anwendung: Balsam auf Brust und Rücken auftragen, mit Watte abdekken und ein Wolltuch darüber wickeln.

Huflattich-Sirup

10 Handvoll frisch gepflückter Huflattich

2 Eßlöffel Weidenrinde

1 Tasse Honig

1 Liter herber Weißwein

Am Mittag vor Neumond Huflattich pflücken. Die Blätter, Blüten und Stengel waschen, in einem Tuch abtrocknen und anschließend in einen Tontopf schichten.
Die Weidenrinde in einem Holzmörser zu Pulver verreiben und zwischen den Huflattich streuen.
Den Honig in einem Liter herbem Weißwein auflösen und über die Mischung in den Tontopf gießen.
Den Huflattich mit einem Stein beschweren, damit er von der Flüssigkeit bedeckt bleibt. Notfalls etwas mehr Wein hinzufügen.

Den Tontopf mit einem Leinentuch und einem Holzdeckel sorgsam verschließen. Den Topf in ein Erdloch vergraben. Er sollte etwa 20 cm mit Erde bedeckt werden.
Nach Ablauf eines Mondes den Topf ausgraben, die Mischung aufkochen, durch ein Mulltuch abseihen und den Saft aus Blättern und Blüten des Huflattich pressen.
Flüssigkeit nochmals aufkochen, bis sie sirupartig eingedickt ist. In Flaschen oder Gläser füllen (grünes oder braunes Glas) und gut verschließen.

Anwendung: 3 x täglich einen Teelöffel einnehmen. In akuten Fällen auch öfter.

Auch bei Bronchialkatarrh und Raucherhusten empfehlenswert.

Eukalyptus-Dampfbad

1 Handvoll Zypressenfrüchte

1 Handvoll Eukalyptusblätter

Die Zypressenfrüchte im Holzmörser zerstampfen, die Eukalyptusblätter zerkleinern und mit den Zypressenfrüchten vermischen. Die Mischung in zwei Liter kaltes Wasser geben, aufkochen lassen und fünf Minuten ziehen lassen.

Anwendung: Nachdem der Sud etwas abgekühlt ist, das Gesicht darüber halten und den Dampf tief einatmen. Um ja nichts von den wertvollen Dämpfen zu verlieren, empfiehlt es sich, den Kopf mit einem großen Tuch zu bedecken.

Auch bei Heiserkeit und Rachenkatarrh empfehlenswert.

Siehe auch Veilchen-Efeu-Tinktur, Seite 41.

Kehlkopfkatarrh

Kräutertee

1 Eßlöffel Bibernelle-Wurzel

1 Eßlöffel Huflattichkraut

1 Eßlöffel Johanniskraut

1 Eßlöffel Brennesseln

1 Eßlöffel Melissenkraut

2 Teelöffel Borretsch-Saft

Die Wurzeln und Kräuter kleinschneiden und von der Mischung einen Eßlöffel für eine Tasse Tee nehmen. Mit kochendem Wasser übergießen und in einem Tontopf oder einer Porzellankanne 13 Minuten lang ziehen lassen.
Durch ein Mulltuch abseihen.

Kurz vor dem Trinken den Borretschsaft (durch Auspressen der Blüten, Blätter und Stengel zubereitet) hinzugeben.

Anwendung: 3 x täglich eine Tasse Tee trinken.

Siehe auch Zitronen-Öl, Seite 51.

Kamillen-Gurgelwasser

1 Eßlöffel Kamillenblüten
2 Teelöffel Meersalz

Einen Kamillentee bereiten. Pro Tasse Tee zwei Teelöffel Meersalz hinzufügen und verrühren.

Anwendung: 3 bis 4 x täglich damit gurgeln.

Betonien-Dampfbad

1 Handvoll Betonienkraut

Das Betonienkraut kleinschneiden und in einen Tontopf legen. Mit einem Liter kochendem Wasser übergießen, 13 Minuten zugedeckt ziehen lassen.

Anwendung: Mit einem Handtuch über dem Kopf die Dämpfe einatmen.

Mandelentzündung

Die entzündeten Mandeln mit Heilerde äußerlich bestäuben.

Quark-Wickel

½ Pfund Quark

Apfelessig

3 Tropfen Arnika-Total-Tinktur (siehe Seite 120)

Den Quark — auch Topfen genannt — mit Apfelessig breiig rühren und 3 Tropfen Arnika-Total-Tinktur hinzufügen. Gut durchrühren.

Anwendung: Den Brei auf ein Leinentuch auftragen, das um den Hals des Patienten paßt. Den Quark direkt auf die Haut legen. Mit einem Wolltuch abschließen.
Den Wickel abnehmen, wenn der Quark getrocknet und bröckelig ist.
Die Reste vorsichtig mit warmem Wasser abwaschen.
Dem Patienten einen frischen Schal umwickeln.
Nach 3 Stunden den Wickel wiederholen.

Siehe auch Halsschmerzen, Seite 45f und Zitronen-Öl, Seite 51.

Nasennebenhöhlen-Katarrh

Thymian-Dampfbad

1 Handvoll Thymian

5 Tropfen Bergamottöl

Einen Thymian-Tee kochen, 3 Minuten sprudelnd sieden. Vom Feuer nehmen, nicht abseihen. 5 Tropfen Bergamottöl hinzufügen.

Anwendung: Mit einem Tuch über dem Kopf den Dampf inhalieren.

Dieses Dampfbad ist bei allen Katarrhen der Atemwege empfehlenswert.

Rachenkatarrh

Zitronen-Öl

1 Zitrone

2 Knoblauchzehen

2 Eßlöffel Olivenöl

Die Knoblauchzehen zerdrücken, in eine kleine Schüssel geben, das Olivenöl darübergießen und gut umrühren. Danach die Zitrone auspressen und den Saft tropfenweise — wie bei einer Mayonnaise — einrühren.

Anwendung: 3 x täglich einen Teelöffel davon einnehmen.

Pilar: „Dieses Mittel ist bei Mandelentzündung, Rachen- und Kehlkopfkatarrh, Stimmbänderentzündung — also immer, wenn die Stimme wegbleibt — zu empfehlen. Da unsere Leute gerne und laut singen und viel sprechen und lachen, ist das Rezept oft erprobt."

Siehe auch Halsschmerzen, Seite 45f und Husten, Seite 46f.

Raucherhusten

Siehe Husten, Seite 46f.

Schnupfen

Siehe Erkältung, Seite 42f.

Herz und Kreislauf

Dein Herz und du: Ihr gehört zusammen wie Sonne und Mond, wie der Wind und das Meer“, sagt Pilar, „alles, was du erlebst, was du in dich aufnimmst, das Gute und das Böse, prägt auch dein Herz. Und dein Herz prägt dich!“

Der Mensch und sein Herz — eine verschworene Gemeinschaft? Sitz der Seele? Heimstatt des Astralleibs? Schatzkammer von Liebe, Lust und Leid?

Die Schulmedizin hat auch versucht, das menschliche Herz, um das sich so viele Gefühle und Legenden, Märchen und Mythen ranken, zu entzaubern.

Die Wissenschaftler verstehen es als einen Hohlmuskel, der als Saug- und Druckpumpe arbeitet, um unseren Blutkreislauf Tag und Nacht in Schwung zu halten. Gelegen in der Mitte des Brustraumes, zwischen dem linken und rechten Lungenflügel. Beim Erwachsenen etwa so groß wie seine rechte Faust. Das Wunderwerk Herzmuskel zieht sich in der Sekunde etwa einmal zusammen. Durchschnittlich 60 bis 70mal in einer Minute.

Das Herz ist durch eine Trennwand in eine rechte und eine linke Hälfte geteilt. Jede Hälfte hat einen Vorhof und eine Herzkammer. In ständigem, harmonischem Zusammenspiel erhalten sie unser Leben.

So sind die Aufgaben verteilt:

Der rechte Vorhof saugt das verbrauchte, mit Kohlensäure aufgefüllte Blut aus unserem Körper. Er leitet es in die rechte Herzkammer. Sie pumpt es in die Lunge.

Dort wird das Blut, der ganz besondere Saft, gereinigt. Kohlensäure und Wasserdampf werden gegen Sauerstoff ausgetauscht.

Der linke Vorhof saugt das gereinigte, mit dem lebensnotwendigen Sauerstoff angereicherte Blut aus der Lunge. Er pumpt es in die linke Herzkammer. Sie preßt es stoßweise weiter in die Aorta, die große Körperschlagader, deren Äste sich überall in unserem Körper verteilen.

„Vergleichbar von Kopf bis Fuß mit einem Baum“, kommentiert Pilar, „dem großen Symbol des Lebens auf unserer Mutter Erde, wie wir Gitanos es verstehen, lieben und verehren.“

Unsere Schlagadern verteilen das sauerstoffreiche, hellrote Blut in immer feiner werdende Verästelungen, bis zu den Kapillaren. Weil sie so fein sind, daß sie die Zellgruppen aller Organe umspinnen, werden sie auch „Haargefäße“ genannt. Über sie liefert unser Blut seine Nährstoffe — Sauerstoff, Eiweiße, Zucker, Fette und Mineralien — an das Gewebe. Hat „der ganz besondere Saft“ die lebensnotwendige Fracht abgeliefert, nimmt er im Austausch Giftstoffe auf. Er transportiert die Schlacken des Stoffwechsels und die Kohlensäure zurück zum Herzen; über die Venen, in denen kein hellrotes, sondern dunkelrotes Blut fließt.
In beiden Herzkammern sorgen die Herzklappen dafür, daß das Blut nur in der richtigen Form in den Körper zurückfließen kann, sie sorgen für die lebensnotwendige Einbahnstraße.
Durch den Kreislauf sind bei einem Erwachsenen ständig fünf bis sechs Liter Blut in Bewegung.
„Leben ist Bewegung“, weiß die Phuri Dai, „alles ist in ständiger Umwandlung. Das Weltall, die Planeten, Steine, Pflanzen, Tiere und Menschen leben durch ständigen Kontakt miteinander. Das gilt auch für die Leute, die das leugnen, weil sie den Sinn für das Wahre verloren haben.“

Um Mißverständnisse zu vermeiden, muß ich hier aufschreiben, was Pilar am Herzen liegt. Sie möchte nicht in den Verdacht geraten, eine Missionarin gegen die Errungenschaften der modernen Chirurgie zu sein.
„Ich freue mich und bin voller Bewunderung, wenn es gelingt, ein Kind vor dem sicheren Tod durch eine Operation der Herzscheidewand zu retten“, sagt sie, „wenn es als ‚blaues Baby‘ zur Welt kam.“
Die Weise seufzt, schaut auf die Platanen am Horizont, senkt den Kopf mit dem hohen, straßbesetzten Kamm.
„Ich wollte, daß es allen Menschen guten Willens gelänge, den positiven Fortschritt zu vereinigen mit wohlerprobtem, segensreichem Wissen! Warum muß denn immer das eine das andere ausschließen? Manchmal habe ich Angst — und ich habe selten welche — , daß O’Bengh, der Böse, mit seinen mächtigen Kräften den Kampf um unseren Planeten gewinnen wird.“
Wie eine glühende Orange versinkt die Sonne vor uns im Ebro, taucht die Ruine eines Schlosses auf einer Insel in feuerrote Farbe.
Pilar nimmt den Faden unseres Gesprächs wieder auf, nachdem sie dem Naturschauspiel, ebenso wie ich, mit Muße schweigend zugesehen hat.
„Der Satan besitzt viele Tricks. Besonders leichte Beute sind eure Gadsche-Gebildeten. Sie bilden sich wunder was ein, nachdem sie das Leben aufgespalten und im Namen der Wissenschaft vergiftet haben. O’Bengh verblendet sie, bis sie nicht mehr wissen, was sie tun! Teuflische Kräfte

haben sie auf fast allen Gebieten der Technik hörig gemacht. Wenn ich in Österreich, Deutschland und der Schweiz die Wälder mit den sterbenden Bäumen betrete, bricht mir schier das Herz! Und hinter den Tschernobyl-verseuchten Pilzen höre ich den Teufel kichern!"

„Pilar, bitte, du wolltest mir Ratschläge für Herz- und Kreislaufkranke geben", erinnere ich.
„Verstehst du denn nicht, daß das alles zusammenhängt? Die Umwelt, die Angst und das Herz?
„Doch", ich zögere, „ich fühle, was du meinst."
„Das innere Verständnis ist die allererste Voraussetzung, um mit den äußerlich auftretenden Beschwerden fertig zu werden", sagt die Zigeuner-Heilerin, „erst dann kannst du überhaupt einordnen, was dir widerfahren ist. Wo du stehsyyt, was du verarbeiten mußt und worauf es für dich in Zukunft ankommt.
Ist das nicht mehr oder weniger bei jeder Krankheit so? Sogar bei einem unverschuldeten Unfall? Oder bei einem Insektenstich, der dich aus heiterem Himmel traf und eine Blutvergiftung oder Leberentzündung verursachte?
„Richtig", bestätigt die Phuri Dai, „aber ganz besonders wesentlich ist die innere Erkenntnis, was dir im Leben wichtig und was unwichtig ist, wenn es um dein Herz geht."
Eng mit dem Herzen verbunden sind für Pilar die Gefühle und die Kräfte, die unser Leben gestalten.
„Liebe, Haß, Trauer, Freude, Angst und Mut und noch mehr fühlst du mit dem Herzen. Ja, du kannst mit dem Herzen sogar denken, wenn du es dir wünschst und zutraust."
Die Zigeuner-Heilerin versichert mir, daß sie mit dem Herzen denke, daß sie deshalb Intuition habe und viele Zusammenhänge schneller durchschaue, als wenn sie nur den kopfgelenkten Verstand einsetze.
„Alle kreativen Kräfte, die Phantasie, die Lebensfreude, die Lust zu spielen und zu singen und die Zuneigung kommen aus dem Herzen."
„Dann ist es also besonders schlimm, wenn das Herz durch Beschwerden Alarm schlägt", frage ich.
„Kein Grund zu resignieren! Der Kranke ist nur in hohem Maße aufgerufen, die Kunst der Gelassenheit zu üben. Mut zu schöpfen, sich nicht bange machen zu lassen."
Aber wenn der Fehler irreparabel ist, was dann?
Pilar lehnt sich zurück, schließt die Augen, spricht zu mir vom heiligen Siebenjahres-Rhythmus, der im Zusammenspiel mit kosmischen Einwirkungen unser Leben ständig neu gestalte.

„Weißt du, daß nach sieben Jahren kein Stück Haut, kein Haar, keine Zelle mehr in deinem Körper ist, die schon vor sieben Jahren in dir lebte? Auch wir Menschen sind nur scheinbar immer die alten: Wir befinden uns in ständiger Erneuerung."
Das Wissen um das lebensspendende Stirb-und-Werde hält Pilar für eine Botschaft, aus der ein Kranker, dem sich ein Leid aufs Herz gelegt habe, Mut schöpfen könne.

Pilars sieben goldene Regeln bei Herz- und Kreislaufstörungen

1. Prüfe dein Gewicht. Oft ist dein Herz belastet durch dein Übergewicht. Es kann dann einfach die Leistung nicht erbringen, die der zu fett gewordene Körper ihm abverlangt.
Faste in akuten Fällen mindestens drei Tage. Nimm in dieser Zeit täglich nur drei viertel Liter Flüssigkeit zu dir, nicht mehr, weil das Herz entlastet werden muß. Trinke frisch gepreßten Obstsaft, Selleriesaft, Knoblauchsaft.
Wende zusätzlich die Mittel an, die in den weiter unten angegebenen Rezepten zu finden sind.

2. Zur Entwässerung und Entschlackung und zur Entlastung des Herzens mache meine Kartoffel-Brennessel-Kur. Drei Tage lang (siehe Seite 62), anschließend drei Wochen lang die Reis-Honigdiät (siehe Seite 58) und du wirst dich wie neu geboren fühlen.

3. Nimm auf jeden Fall meinen „Heil-aller-Schäden-Trank" (siehe Seite 31) und „Pilars goldenes Kreislaufmittel" (siehe Seite 59).

4. Mache Atemübungen, nach Möglichkeit im Freien, in frischer Luft, um dein Herz zu stärken.

1. Atemübung: Lege dich auf den Rücken, stell die Knie locker auf, entkrampfe dich bewußt. Zieh den Atem stoßweise ein, dehne den Brustkorb, wölbe den Bauch. Halte den Atem an, so lange du kannst. Atme dann langsam aus, erst aus dem Brustkorb, dann aus dem Bauch. Entspanne dich. Wiederhole die Übung 13mal. Lege zwischendurch Pausen ein, wie es deinem eigenen Atemrhythmus entspricht.

2. Atemübung: Steh aufrecht mit leicht gespreizten Beinen. Verschränke die Hände auf dem Rücken. Atme tief ein, nimm soviel Luft in dich auf, wie du irgend kannst. Wölbe dazu den Brustkorb vor, und zieh den Bauch ein. Halte die Luft an. Dann atme kräftig, stoßweise aus. Sprich dazu rhythmisch die Worte: „ssi, ssi, ssi mit scharfem S am Anfang. Wiederhole die Übung 13mal, mit Pausen nach deinem Bedarf.

3. Atemübung: Lege dich auf den Rücken, strecke die Beine lang aus und entspanne dich. Die linke Hand lege aufs Herz, die rechte auf dein Sonnengeflecht. Das ist der zentrale Nervenknotenpunkt unseres Körpers, in der Mitte unter der Brust. Wenn du einen Glücksstein trägst, fühle ihn dort.
Atme ganz ruhig und entspannt. Schließe die Augen. Konzentriere dich darauf, daß der gute Rhythmus der Natur ungehindert durch dich hindurchpulsen kann. Bleibe so 13 Minuten lang.

5. Verbote sind mir ein Greuel. Aber in diesem Fall muß es leider sein: absolutes Rauchverbot.

6. Achte auf deine Darmtätigkeit, damit Giftstoffe aus dem Körper geführt werden. Nimm dazu, wenn der Darm nicht regelmäßig arbeitet, den Gitano-Bitter (siehe Seite 32). Notfalls lasse einen Einlauf machen.

7. Bei Wassersucht — Stauungen in den Beinen — lege dich sofort flach hin, den Kopf ohne Kissen. Bette deine Beine hoch, lege mindestens drei Kissen unter die Füße.
Schließe die Augen, konzentriere dich darauf, daß die Stauung durch Herz und Nieren abgeleitet wird, denke, daß dein Blut ruhig vom Herzen weg durch den Körper gepumpt und ruhig von Herz und Lunge wieder erfrischt wird.

Arterienverkalkung

Obstessig-Honig-Kur

1 Eßlöffel Obstessig (Apfelessig)

1 Eßlöffel Honig

1 Tasse Wasser

Die Zutaten verrühren.

Anwendung: Morgens nüchtern schluckweise trinken, am besten regelmäßig.

Pilar: „Auch zur Vorbeugung der gefürchteten Arteriosklerose ist die Obstessig-Honig-Kur hervorragend geeignet, weil sie die Blutgefäße von Ablagerungen säubert und uns so jung und elastisch hält. Es heißt nicht umsonst, ein Mensch sei so alt wie seine Gefäße."
Außerdem empfiehlt die Zigeuner-Heilerin bei Arterienverkalkung, ausschließlich Olivenöl als Fett zu benutzen. Viel Zwiebeln, Knoblauch, Spinat, Brennessel-Salat, Zigeunerkraut, Löwenzahn, Sauerampfer, Brunnenkresse frisch zu essen. Kein Schweinefleisch! Nur Vollkornbrot. Täglich sechs süße Mandeln; und 50 g Bäckerhefe auf den Tag verteilt.

Mistel-Fenchel-Tee

1 Handvoll Misteln

1 Handvoll Bohnenschalen

1 Handvoll Malvenblüten

1 Handvoll Fenchelsamen

1 Handvoll Schafgarbe

Mistelkraut, Bohnenschalen und Schafgarbe kleinschneiden. Mit den Malvenblüten mischen und dem Fenchelsamen mischen. Einen Eßlöffel der Mischung für eine Tasse Tee nehmen.
Mit sprudelnd kochendem Wasser übergießen, zugedeckt 13 Minuten ziehen lassen. Durch ein Mulltuch abseihen.

Anwendung: 3 x täglich eine Tasse warm trinken. Der Tee kann mit Honig gesüßt werden.

Reis-Honig-Diät

Täglich:

250 g naturbelassenen Reis (keinesfalls gebleichten)

750 g Obst oder frische Obstsäfte

100 g Honig

10 g Bäckerhefe

Reis im Dampf gar kochen. Kein Salz hinzufügen.
Mit Obstsaft oder Obst mischen.
Nach dem Abkühlen mit Honig süßen (der Honig darf nicht über 40 Grad erhitzt werden, da er sonst seine guten Wirkstoffe verliert).
Auf 7 Portionen verteilen.

Anwendung: Morgens nüchtern 5 g Bäckerhefe essen, dazu die erste Portion Reis-Honig-Diät. Abends vor der letzten Mahlzeit die restlichen 5 g Hefe einnehmen, danach die Reis-Honig-Portion.
Keine weiteren Getränke, außer dem Heil-aller-Schäden-Trank (siehe Seite 31) trinken.

Pilar: „Zusätzlich rate ich unbedingt, Gelassenheit zu üben. Denn allein die Angst vor dem zu hohen Blutdruck kann uns Menschen in einen Teufelskreis treiben. Weil Angst den Blutdruck steigert. Er sollte nur morgens, nach Schlaf und Entspannung gemessen werden."

Baldrian-Pomeranzen-Tee

1 Handvoll Baldrianwurzeln

½ Handvoll Lavendelblüten

½ Handvoll Rosmarin

1 Handvoll Pomeranzenblätter

1 Handvoll Kamillenblüten

Baldrianwurzeln klein schneiden, Pomeranzenblätter mit der Hand zerkleinern. Mit Rosmarin und Lavendel- und Kamillenblüten mischen.

Einen Eßlöffel von der Mischung mit einer Tasse sprudelnd kochendem Wasser übergießen, 13 Minuten zugedeckt ziehen lassen.

Anwendung: 2 x täglich eine Tasse lauwarm trinken, mit Honig süßen.

Olivenblätter-Tee

1 Handvoll Olivenbaumblätter

7 Knoblauchzehen

Die Olivenbaumblätter mit einem Liter kochendem Wasser überbrühen. Zugedeckt 13 Minuten ziehen lassen. Durch ein Mulltuch abseihen. Den Saft von sieben ausgepreßten Knoblauchzehen hinzufügen.

Anwendung: Eine Woche lang morgens und abends je eine Tasse Tee schluckweise trinken. Anschließend eine Woche aussetzen. Danach wieder eine Woche lang täglich zwei Tassen des Tees trinken. Falls notwenig, in diesem Rhythmus die Behandlung fortsetzen.

Siehe auch Jungbrunnen Zigeunerkraut, Seite 33, Kartoffel-Brennessel-Kur, Seite 62.

Blutdruck, zu hoher oder zu niedriger

Pilars goldenes Kreislaufmittel

1 Handvoll Mistelblätter

1 Eßlöffel Immergrünblätter

1 Eßlöffel Olivenbaumblätter

1 Teelöffel Brennesselsaft

Mistelblätter, Immergrünblätter und Olivenbaumblätter mit der Hand zerkleinern und vermischen. In einen Tontopf schichten. Mit einem Liter kaltem Regenwasser übergießen. Zugedeckt über Nacht (13 Stunden) ziehen lassen. Danach durch ein Mulltuch abseihen.

Jeder Tasse kurz vor dem Trinken einen Teelöffel Brennesselsaft hinzufügen. Den Brennesselsaft bereitet Pilar, indem sie Brennesselblätter im Holzmörser zerreibt und den Saft durch ein Mulltuch preßt.

Anwendung: 3 x täglich eine Tasse trinken. Bei Bedarf mit Honig süßen.

Dieses Mittel ist sowohl bei Bluthochdruck als auch bei Blutunterdruck geeignet. Seine Wirkung ist eine ausgleichende.
Siehe auch Löwenzahn-Mistel-Kaffee, Seite 89, und Pilars Baldrianwein, Seite 145.

Blutunterdruck

Siehe Pilars goldenes Kreislaufmittel, Seite 59.

Herzklopfen, nervöses

Siehe Pilars Seelenlabsal-Tinktur, Seite 148.

Herzschmerzen, nervöse

Siehe Pilars Baldrianwein, Seite 145.

Herzstörungen, nervöse (Herzneurose)

Baldrian-Brombeer-Tee

2 Handvoll Brombeerblätter

1 Handvoll Baldrianwurzeln

1 Handvoll Pomeranzenblätter

1 Handvoll Pfefferminz

½ Handvoll Wermut

1 Handvoll Melisse

Baldrianwurzeln zerschneiden, die übrigen Zutaten mit der Hand zerkleinern, Zutaten mischen.
Einen Eßlöffel der Mischung mit einer Tasse kochendem Wasser übergießen, zugedeckt 13 Minuten ziehen lassen.

Anwendung: Morgens und abends je eine Tasse warm trinken. Bei Bedarf mit Honig süßen.

Krampfadern

Beinwell-Zypressen-Salbe

1 Handvoll Beinwell

1 Handvoll Zypressenfrüchte

1 Handvoll Ziegenbutter

Der Gemeine Beinwell wird auch Wallwurz, Schwarzwurz und Beinwurz genannt. Die Wurzeln werden im Frühjahr oder Herbst ausgegraben, gründlich gereinigt, zerschnitten und in der Sonne schnell getrocknet. Gut verschlossen aufbewahren.
1 Handvoll Beinwell im Mörser pulverisieren. Aus den Zypressenfrüch-

ten das Mark auskratzen, ebenfalls im Mörser zerreiben und zu gleichen Teilen mit dem zerkleinerten Beinwell mischen.
Die Ziegenbutter auf dem Feuer flüssig, aber nicht zu heiß machen.
Die Pulvermischung hinzufügen. 15 Minuten rühren. Durch ein Mulltuch abseihen.
Danach in Ton- oder Glastiegel füllen. Vor Licht geschützt an einem kühlen Ort aufbewahren.

Anwendung: 3 bis 4 x täglich die befallenen Stellen mit der Salbe einreiben.

Anmerkung: Statt der Ziegenbutter kann auch eine neutrale Salbengrundlage, wie man sie in Apotheken erhält, verwendet werden.

Wassersucht

Kartoffel-Brennessel-Kur

1 kg Kartoffeln

7 Handvoll frische, junge Brennesselblätter, wenn es die Jahreszeit erlaubt.

Sonst ersatzweise jeweils 1 Teelöffel Brennesselsaft

Kartoffeln mit der Schale im Dampf gar kochen. In 7 Portionen teilen.
Die Brennesselblätter, jeweils eine Handvoll, erst kurz vor der Mahlzeit in ein Sieb legen, das möglichst aus Ton oder Email, aber nicht aus Metall sein sollte. Die Brennesseln mit sprudelnd kochendem Wasser kurz übergießen, damit sie nicht auf der Zunge brennen.
Brennesseln über die Kartoffel-Portion legen. Oder den Saft in eine leicht geöffnete Kartoffel gießen.
Kein Salz verwenden!

Anwendung: 7 x täglich eine Portion, 3 Tage lang. Nichts anderes essen. Dazu einen Liter Flüssigkeit über den Tag verteilt trinken.

Diese Kartoffel-Brennessel-Kur ist auch bei Bluthochdruck, Stauungen in den Beinen und zur Entlastung des Herzens empfehlenswert.

Zwiebel-Birken-Saft

1 Eßlöffel Birkensaft
1 Eßlöffel Zwiebelsaft
3 im Mörser zerstoßene Wacholderbeeren

Die Zutaten mischen.

Anwendung: 2 x täglich einen Eßlöffel einnehmen.

Wird auch bei geschwollenen Gelenken verwendet.

Verdauungsorgane

„Unser Wohlbefinden und unsere Verdauungsorgane sind wie siamesische Zwillinge aneinander gebunden“, sagt Pilar, und bietet mir eine frische Feige an, „darum kann ich nicht verstehen, wie man beispielsweise eine Gallenkolik oder ein Magengeschwür isoliert vom Menschen, den es getroffen hat, heilen will.“
Sie spricht, einmal mehr, über Ganzheitsmedizin, die den gesamten Menschen von Kopf bis Fuß und mit Herz und Hand einbeziehen müsse.
„Aber wenn ich noch länger mit dir rede, fühle ich mich schon langsam wie ein Missionar, der immer dasselbe predigt. Mir das, die ich Missionare aller Art und aller Herkunft verabscheue!“
Sie bückt sich, ergreift einen Kieselstein, schleudert ihn ins Flußbett.
„Humor“, rate ich, „Humor und Gelassenheit, zwei Eigenschaften, die man — wie ich von dir (und nicht nur von dir) weiß — dringend braucht, wenn man auf unserer Erde heutzutage einigermaßen fröhlich sein möchte.“
Sie stemmt die Arme in die Hüften, feixt mich an:
„Schau her, kleine Gadsche, du hast schnell gelernt. Bravo, jetzt schlägst du mich mit meinen eigenen Waffen!“
„Ach was, Waffen, Pilar“, ich schüttle den Kopf, „Worte sind's.“
Die Phuri Dai legt mir versöhnlich die Hand auf die Schulter, setzt sich wieder neben mich, seufzt.
„Ich wußte nicht, wie ausführlich du immer wieder Neues wissen wolltest, als ich dir meine Rezepte anbot“, klagt sie, „du fragst mir ein Loch in den Bauch.“
„Kriegst du davon Magenschmerzen?“
„Nein. Und damit wären wir beim Thema: Magenschmerzen kriegt meist ein Mensch, der sich überfordert fühlt, oder genauso nicht genug gefordert, kurz einer, der seinen Ehrgeiz nicht ausleben kann.“
Was rätst du ihm?
„Natürlich kann er die Mittel, die ich dir nennen werde, ausprobieren. Von außen her werden sie ihm auch helfen. Aber er muß von sich aus das Innere einbringen.“

Wer sich beispielsweise im Beruf unter Druck fühlt und schon Magenschmerzen spürt, wenn er nur daran denkt, seinem Chef oder Kollegen zu begegnen, der soll sich einen Panzer anschaffen.
„Wenn du die Arbeit brauchst, kannst du nicht einfach davonrennen. Deshalb mußt du sie mutig ertragen. Wappne dich mit einer seelischen Hornhaut. Ertrag es wie ein Unwetter, dem wir Zigeuner auf unseren Reisen eben auch nicht entfliehen können."
Pilar rät den Menschen, denen Konflikte auf den Magen schlagen, sich einen Ort zu suchen, wo sie sich ausleben können.
„Jeder findet doch heraus, was ihm Freude macht. Da gibt es keine Faustregeln. Der eine geht gern klassische Musik hören, der andere in die Disko, der nächste auf den Fußballplatz. Du verstehst schon, was ich meine."
Jeder Mensch habe, so weiß Pilar, seine schwachen Punkte in seiner Gesundheit. Er müsse sie herausfinden und könne sich dann darauf einstellen.

„Ich weiß, es ist ein Thema, über das man bei euch Gadsches nicht spricht, weil es als ‚schmutzig' und nicht salonfähig betrachtet wird. Die regelmäßige Entleerung des Darms. Bei euch wird das von klein auf zu so einer tabu-belasteten, ernsthaften und lästigen Pflichterfüllung hochstilisiert, daß man sich am liebsten drum rum drückt, aufs Klo zu gehen", sie zwinkert mich an, „wenn ich mir eine so deutliche Ausdrucksweise erlauben darf. Oder soll ich noch deutlicher werden?"
„Nein, bitte nicht, Pilar, ich glaube, jeder hat verstanden."
„Sorge unbedingt immer für die tägliche Entleerung des Darms. Besser noch zweimal am Tag ‚Stuhlgang'", sie spricht das Wort mit s-pitzer Zunge, „wie komisch das klingt!"
Aber Pilar meint es ernst: Wenn sich im Körper keine Giftstoffe ansammeln, wird unser Körper vor chronischen und tödlichen Krankheiten bewahrt, sagt sie. Chronischen und tödlichen Krankheiten, die sich sonst an allen möglichen Stellen, je nach unseren individuellen Schwachpunkten, ihren Sieg verschaffen.
„Die Sonne unseres Verdauungssystems ist die Leber", erläutert Pilar, die Vielgereiste, „und direkt aus eurer deutschen Sprache erfährst du, wie nahe sie dem Quell des Lebens ist."
„Was meinst du bitte?"
„Leber — Leben, merkst du's, du brauchst nur den letzten Buchstaben auszuwechseln", sie wirft einen Blick zum Himmel, schaut mich an: „Erinnerst du dich an den Anfang des Johannes-Evangeliums: ‚Am Anfang war das Wort und das Wort war bei Gott und Gott war das Wort?'"

„Ich erinnere mich."
„Siehst du: Wie ich dir schon versucht habe nahezubringen, führen auch unsere Sprachen zum Quell des Lebens. Wenn man das Herz hat, zu lauschen."

Die Leber, die größte Drüse des Menschen — mit einem Durchschnittsgewicht von 1,5 kg —, arbeitet geduldig und zäh. Gutmütig entgiftet sie, was wir an Nahrung und Getränken aufnehmen. Sie besitzt sogar die einzigartige Fähigkeit, sich zu regenerieren, wenn man ihr einen „Urlaub" zugesteht.
„Einen Mond lang keine Giftstoffe, und deine Leber ist fast wie neu."
„Und warum wissen wir das nicht?"
„Gemach, gemach, kleine Gadsche", sagt Pilar, „das uralte Wissen von den wunderbaren inneren Reinigungskräften ist nur von eurer modernen Zivilisation verschüttet worden."
„Was meinst du, weise Frau?"
„Du kennst doch, wie jeder, die uralte Sitte der Fastenzeit? Schon die alten Römer nutzten sie, und später praktizierten sie die Christen."
„Und heute?"
„Heute ist euch davon nur ein Rest von Krach-mach-Jubel-Trubel geblieben. Ohne den geistigen Inhalt. Aber immer noch beliebt: der Karneval!"
Die Gitano-Heilerin meint, daß jeder, der seine Leber als Deponie für seinen ganz persönlichen Sondermüll mißbrauche, eines Tages mit bösen Konsequenzen konfrontiert werde.
„Weil ich Menschen kenne und weil auch wir Zigeuner sehr gern gut leben und fröhlich feiern, habe ich eine umfangreiche Sammlung von Rezepten, die helfen, unsere Verdauungsorgane anzuregen und gesund zu halten."

Appetitanreger

Pomeranzen-Sirup

13 Pomeranzen

1 Liter trockener Weißwein

13 Eßlöffel brauner Rohrzucker

Die Pomeranzen dürfen nicht chemisch behandelt sein, sondern sollen aus biologischem Anbau stammen.
Die Pomeranzen waschen, die Schalen möglichst dünn abschälen. Darauf achten, daß die weiße Innenhaut möglichst vollständig auf der Frucht bleibt. Die Schalen kleinschneiden und mit trockenem Weißwein bedecken. 13 Minuten kochen, am besten in einem Kupfertopf. Anschließend die weiße Haut der Pomeranzen abziehen. Das Fruchtfleisch kleinschneiden und zu den vorgekochten Schalen hinzufügen. 13 Kerne aus den Früchten beigeben und den Rohrzucker einrühren. Unter häufigem Rühren etwa 30 Minuten kochen lassen. Die Kerne herausfischen und den Sirup in gut verschließbare Gläser füllen.

Anwendung: Morgens und abends vor dem Essen einen Eßlöffel davon einnehmen. Dieser Appetitanreger ist bei Kindern besonders beliebt. Der Pomeranzen-Sirup ist auch ein leichtes Abführmittel.

Appetitlosigkeit

Mistel-Wein

1 Handvoll Mistelblätter

1 Handvoll Wurzeln des echten Tausendgüldenkrauts

1 Liter herber Rotwein

3 Wacholderbeeren

1 Eßlöffel blühende Melisse

Die Wurzeln des echten Tausendgüldenkrauts kleinschneiden und mit den Mistelblättern mischen. Mit dem Rotwein übergießen und über Nacht zugedeckt stehen lassen. Am Morgen danach kurz aufkochen, danach 10 Minuten simmern lassen.
Die Wacholderbeeren im Mörser zerstoßen und hinzufügen, weitere drei Minuten simmern lassen. Die Melisse hinzufügen, den Topf vom Feuer nehmen und den Wein zugedeckt abkühlen lassen. Danach durch ein Mulltuch filtern und in gut verschließbare Flaschen füllen.

Anwendung: 2 x täglich ein Likörglas voll vor dem Essen trinken. Der Wein ist sehr appetitanregend. Er kann auch bei Magersucht unterstützend verwendet werden.

Appetitzügler

Kleie-Frühstück

Baldrianwurzeln

1 Handvoll Weizenkleie

1 Eßlöffel Hagebuttenmark

(oder 1 Teelöffel Hagebuttenmark und 1 Teelöffel Honig)

Baldrianwurzeln im Frühjahr oder Herbst (nicht im Sommer!) ausgraben, mit einer Wurzelbürste gründlich reinigen und an der Luft im Schatten trocknen. In einem Leinensack an einem luftigen Ort aufbewahren.
Vor Gebrauch eine Baldrianwurzel kleinschneiden, bis sie einen gehäuften Eßlöffel ergibt. Mit einer Tasse Wasser übergießen und zugedeckt über Nacht stehen lassen. Morgens auf Körpertemperatur erwärmen und durch ein Mulltuch abseihen.
Die Flüssigkeit auf eine Handvoll Weizenkleie füllen und quellen lassen. Dann Hagebuttenmark (und eventuell Honig) unterrühren.

Anwendung: Morgens statt eines Frühstücks auf nüchternen Magen essen. Dies ist ein bewährtes Zigeuner-Rezept zum Abnehmen.

Blutreinigungstee

Hälfte einer daumendicken Löwenzahnwurzel

einige Artischockenblätter

Die Löwenzahnwurzel mahlen und die Artischockenblätter kleinschneiden. Einen gehäuften Teelöffel des Löwenzahnwurzel-Pulvers mit einem halben Teelöffel Artischockenblätter mischen. Mit einer Tasse kochendem Wasser überbrühen, 13 Minuten zugedeckt ziehen lassen und anschließend durch ein Mulltuch seihen.

Anwendung: 2 bis 3 Tassen täglich schluckweise trinken (nicht zu heiß). Falls der bittere Geschmack der „Medizin“ zu unangenehm ist, kann man eventuell mit etwas Honig süßen.

Diesen Tee sollte man zusätzlich zum Kleie-Frühstück trinken, um die Leber- und Gallentätigkeit anzuregen.

Durchfall

Herber Kamillentee

1 Tasse echte Kamillenblüten

27 getrocknete Heidelbeeren

1 Eßlöffel im Mörser pulverisierte Eichenrinde

Die Zutaten mischen. Von der Mischung einen Eßlöffel auf eine Tasse Wasser nehmen. Kalt aufsetzen und drei Minuten sprudelnd kochen lassen. Vom Feuer nehmen und zugedeckt 13 Minuten ziehen lassen. Anschließend durch ein Mulltuch abseihen.

Anwendung: 3 x täglich eine Tasse (nicht zu heiß) trinken.

Dieser Tee eignet sich auch zur Bekämpfung von Übelkeit und Erbrechen.

Pilars Schlankheits-Tee

1 Handvoll Hibiskusblüten
1 Handvoll Fenchelsamen
½ Handvoll Pfefferminzblätter
3 Eßlöffel Rosmarin
3 Eßlöffel Frauenmantel
4 Eßlöffel Schafgarbe
4 Eßlöffel Steinklee
1 Eßlöffel Melisse
2 Eßlöffel Birkenblätter
2 Eßlöffel Brennesselblätter
2 Eßlöffel Schachtelhalm
1 Eßlöffel Hopfen
1 Eßlöffel Löwenzahnkraut und Blüten
1 Teelöffel Wermut
1 Teelöffel Kamillenblüten
1 Teelöffel Hauhechel
1 Eßlöffel Lindenblüten
2 Teelöffel Erdrauch
1 Eßlöffel Maulbeerbaumblätter
2 Teelöffel Sandelholz

Von der Mischung einen Eßlöffel pro Tasse mit kochendem Wasser übergießen und in einem Ton- oder Emailtopf kurz aufkochen, vom Feuer nehmen und 5 Minuten ziehen lassen. Anschließend durch ein Mulltuch abseihen.

Anwendung: Den Tee lauwarm in kleinen Schlucken trinken; 2 bis 4 Tassen täglich. Die Menge am besten morgens für einen Tag bereiten und dann in einer Thermoskanne aufbewahren.

Der Tee kann nach Geschmack mit Honig, braunem Zucker oder Süßstoff getrunken werden. Dieser Tee entschlackt, ohne daß man an Hungergefühl leidet.

Siehe auch Jungbrunnen Zigeunerkraut, Seite 33.

Erbrechen

Pilars Honig-Pfeffer

Spanischer Pfeffer

1 Teelöffel Honig

Den Spanischen Pfeffer im Mörser zerreiben. Eine Prise des frisch pulverisierten Pfeffers mit dem Honig vermischen.

Anwendung: 3 x täglich einen Teelöffel davon einnehmen, um gegen den Brechreiz anzukämpfen.

Siehe auch Herber Kamillentee, Seite 69.

Gallenblasenentzündung

Gänseblümchen-Tee

1 Handvoll Brennesselblätter

½ Handvoll Andornkraut

1 Handvoll Gänseblümchen

Mischung mit einem Liter sprudelnd kochendem Wasser übergießen, 10 Minuten zugedeckt ziehen lassen. Tee durch ein Mulltuch abseihen.

Anwendung: Tagsüber alle 2 Stunden eine Tasse trinken.

Dieser Tee ist auch bei Leberleiden empfehlenswert.

Gallensteine

Pilars Olivenöl-Zitronen-Kur

Olivenöl

Zitronensaft

Meerwasser

Einen Eßlöffel Olivenöl tropfenweise mit einem Teelöffel Zitronensaft mischen.
Eine Tasse Meerwasser heiß machen.

Anwendung: 1. Tag: Einen Eßlöffel Olivenöl mit der Zitrone einnehmen. Eine Tasse Meerwasser warm danach trinken, anschließend eine halbe Stunde auf der rechten Körperseite liegen bleiben. Sich entspannen. Daran denken, daß sich die mineralischen Ablagerungen — die Steine — im Körper auflösen.
2. Tag. Wie oben. Aber statt eines Eßlöffels Olivenöl zwei nehmen, hingegen nur einen Teelöffel Zitronensaft.
3. Tag. Erhöhung auf drei Eßlöffel Olivenöl. Sonst wie 1. Tag.
4. Tag. Erhöhung auf vier Eßlöffel Olivenöl. Sonst wie 1. Tag.
5. Tag. Erhöhung auf fünf Eßlöffel Olivenöl. Sonst wie 1. Tag.
6. Tag. Erhöhung auf sechs Eßlöffel Olivenöl. Immer dazu nur einen Teelöffel Zitronensaft, wie am 1. Tag. Auch sonst wie 1. Tag.

Gallenstörungen

Siehe Pilars Baldrianwein, Seite 145.

Gastritis

Beinwell-Pulver

Beinwellwurzeln

In der Nacht des ersten Neumondes nach der Sommersonnenwende werden die Wurzeln des Gemeinen Beinwell ausgegraben. Niemals alle Wurzeln von einem Standort mitnehmen, sondern die kräftigste zurücklassen, damit der Bestand gesichert bleibt.
Die Wurzeln waschen und an der prallen Sonne rasch trocknen, was man sonst bei Heilkräutern vermeidet. Aber die Sonnentrocknung verhindert das Schimmeln der schleim- und wasserhaltigen Pflanze.
In einem Leinensack aufbewahren.

Anwendung: Bei Bedarf ein Stück Wurzel pulverisieren und 3 x täglich eine Messerspitze einnehmen. Vor dem Schlucken gut einspeicheln.
Dieses Beinwell-Pulver ist einerseits zur Verstärkung der Wirkung des Beinwell-Rosmarin-Balsams (siehe Seite 155) geeignet, andererseits auch bei Beschwerden und Erkrankungen wie Sodbrennen, Gastritis und anderen Magen-Darm-Erkrankungen empfehlenswert.

Hämorrhoiden

Zypressenmark-Salbe

1 Handvoll Zypressenmark

1 Handvoll Schafgarbenblüten

1 Handvoll Ziegenbutter

Das Mark aus den gereiften Zypressenfrüchten herauskratzen und im Mörser zerstoßen. Die Schafgarbenblüten ebenfalls im Mörser zerreiben.
Die Ziegenbutter auf kleiner Flamme flüssig machen, aber nicht braun werden lassen.
Zypressenmark und Schafgarbenblüten unterrühren und erkalten lassen.
Drei Tage im Dunkeln zugedeckt stehen lassen.

Danach die Zubereitung auf kleinem Feuer leicht erwärmen. Durch ein Mulltuch abseihen. In Ton- oder Glastiegel abfüllen und gut verschlossen, kühl aufbewahren.

Anwendung: Mehrmals täglich zum Einreiben verwenden. Ein mit der Salbe bestrichenes Mulltuch auf den Darmausgang legen, besonders über Nacht. Bei Bedarf Salbe auch in den Anus einführen.

Aus Gründen der Haltbarkeit eventuell statt der Ziegenbutter eine neutrale Salbengrundlage aus der Apotheke verwenden.

Koliken

Siehe Pilars Baldrianwein, Seite 145, und Gitano-Bitter, Seite 32.

Leberleiden

Siehe Gänseblümchen-Tee, Seite 71.

Leberreinigung

Artischocken-Trunk

1 Handvoll Artischockenblätter

1 Handvoll Rosmarin

1 Liter trockener Rotwein

13 Safrannarben

In der Nacht zum Vollmond die Artischockenblätter und den Rosmarin kleinschneiden, beides mischen und mit dem Rotwein aufgießen. 13 Safrannarben hinzufügen. Die Mischung in eine Flasche füllen, gut ver-

schließen und die Flasche vergraben. Bis zum nächsten Neumond im Dunkeln ruhen lassen.
Danach durch ein Mulltuch seihen und den Artischocken-Trunk in einer dunklen Flasche aufbewahren.

Anwendung: 2 x täglich ein Likörglas voll nach den Hauptmahlzeiten schluckweise trinken.

Dieser Trunk hilft, den Cholesterinspiegel im Blut zu senken.

Magenschwäche (Säuremangel des Magens)

Pilars Baldrian-Melissen-Tee

1 Handvoll Baldrianwurzeln

½ Handvoll Wacholderbeeren (möglichst unreife, grüne)

½ Handvoll Wacholderrinde

½ Handvoll Artischockenkraut

1 Handvoll Fenchelsamen

1 Handvoll Melisse

Baldrianwurzeln und Wacholderrinde kleinschneiden. Artischockenkraut mit den Händen zerkleinern. Wacholderbeeren leicht anquetschen. Einen Eßlöffel der Mischung mit einer Tasse sprudelnd kochendem Wasser übergießen. 13 Minuten ziehen lassen. Durch ein Mulltuch abseihen.

Anwendung: 3 x täglich vor dem Essen eine Tasse lauwarm trinken.

Magen- und Darmkrämpfe

Siehe Pilars Baldrianwein, Seite 145, und Gitano-Bitter, Seite 32.

Magen- und Zwölffingerdarmgeschwür

Pilars Mandelmilch

250 g süße Mandeln

1 Bittermandel

3 Tropfen Rosenwasser

½ Zitrone

1 Liter Regen- oder destilliertes Wasser

Die Mandeln mit kochendem Wasser überbrühen, 3 Minuten stehen lassen, abseihen. Anschließend pellen, die braune Haut mit den Fingern abstreifen.
Die gepellten Mandeln auf ein Tuch legen, trockenreiben.
Durch eine Mandelmühle drehen.
Anschließend in den Mörser geben. Unter Zugabe von 2 bis 3 Eßlöffeln Regen- oder destilliertem Wasser noch feiner zerreiben.
Zum Schluß mit dem Rest des Liters Regenwasser mischen. 3 Tropfen Rosenwasser hinzufügen und den Saft der halben Zitrone.
Die Mischung 3 Stunden kalt stellen.
Danach durch ein Mulltuch seihen. In saubere Flaschen füllen und in den Eisschrank stellen.
Die so bereitete Mandelmilch hält sich 24 Stunden frisch.

Anwendung: In drei Portionen verteilen und morgens, mittags, abends je ein Drittel trinken.

Reisekrankheit

Siehe Pilars Melissengeist, Seite 138.

Schluckauf

Baldrian-Brombeer-Salbei-Tee

1 Handvoll Baldrianwurzeln

1 Handvoll Brombeerblätter

1 Handvoll Fenchelsamen

1 Handvoll Kamillenblüten

1 Handvoll Pfefferminzblätter

1 Handvoll Salbeiblätter

Baldrianwurzeln kleinschneiden. Die Kräuterblätter mit der Hand klein rupfen. Kamillenblüten, Fenchelsamen und die übrigen Zutaten vermischen.
Einen Eßlöffel davon mit einer Tasse sprudelnd kochendem Wasser übergießen. Zugedeckt 13 Minuten ziehen lassen. Durch ein Mulltuch abseihen.

Anwendung: 3 x täglich eine Tasse lauwarm trinken.

Sodbrennen

Magenwohl-Tee

1 Tasse Kätzchen vom Haselnußstrauch

¼ Tasse Kamillenblüten

¼ Tasse Huflattichblätter

Die Huflattichblätter kleinschneiden und mit den Kätzchen und den Kamillenblüten vermischen.
Jeweils einen Eßlöffel der Mischung für eine Tasse Tee mit sprudelnd kochendem Wasser überbrühen. Zugedeckt 15 Minuten ziehen lassen. Durch ein Mulltuch (nicht durch ein Metallsieb) abseihen.

Anwendung: Schluckweise, nicht zu heiß, nach den Mahlzeiten trinken. Den Tee nicht süßen!
Jeweils den Tee frisch aufbrühen.

Die Schleimstoffe des Magenwohl-Tees überziehen die empfindliche Magenschleimhaut mit einem Schutzfilm, so daß aggressive Stoffe aus der Nahrung oder aus Getränken (zum Beispiel Alkohol) sie nicht angreifen können.
Dieser Tee ist auch bei Magenschleimhaut-Entzündung zur unterstützenden Behandlung geeignet.

Eichenrinden-Rosen-Tee

1 Handvoll Eichenrinde

1 Handvoll Rosenblätter

1 Handvoll Veilchenwurzeln

1 Handvoll Salbeiblätter

½ Handvoll Brombeerblätter

Eichenrinde und Veilchenwurzeln kleinschneiden. Die übrigen Zutaten mit der Hand zerrupfen. Zutaten mischen.
Einen Eßlöffel der Mischung mit einer Tasse sprudelnd kochendem Wasser übergießen, zugedeckt 13 Minuten ziehen lassen. Durch ein Mulltuch abseihen.

Anwendung: 3 x täglich eine Tasse kalt in kleinen Schlucken trinken.

Siehe auch Beinwell-Pulver, Seite 73.

Übelkeit

Siehe Herber Kamillentee, Seite 69.

Johannisbrot-Bällchen

7 Früchte Johannisbrot (auch Bockshorn genannt)

2 Handvoll getrocknete Feigen

3 Tropfen Orangenöl

Die Johannisbrotfrüchte im Holzmörser zerkleinern, die Feigen kleinschneiden und beide Früchte vermischen. Das Orangenöl unterrühren. Falls die Masse zu fest sein sollte, ein paar Tropfen Gitano-Bitter (siehe Seite 32) hinzufügen.
Die Masse zu der Größe von Marzipankartoffeln formen.

Anwendung: 3 x täglich ein Johannisbrot-Bällchen einnehmen. Langsam zerkauen, gut einspeicheln. Wenn sich die Verdauung reguliert hat, nur noch 2 x täglich ein Bällchen zerkauen, später nur noch 1 x täglich, bis der Stuhlgang regelmäßig ist.

Dieses Mittel hilft auch bei chronischen Beschwerden, die Darmfunktion zu regulieren.
Übrigens ist das Johannisbrot, auch wenn wir es vergessen haben, seit biblischen Zeiten ein Begriff: Johannes der Täufer ernährte sich davon in der Wüste und nannte es „wilden Honig“.
Der getrocknete Samen des Johannisbrotes wurde vom Mittelmeerraum bis Ostindien von Apothekern, Juwelieren und Goldschmieden als Gewicht benutzt. Ein Samenkorn war ein Karat — wie arabisch der Samen des Johannisbrotes heißt. Noch heute werden Edelsteine und Gold nach diesen Karat gemessen, wenn auch das Gewicht inzwischen meist auf 200 mg als metrisches Karat festgesetzt worden ist.

Verstopfung

Pflaumenmus

2 kg reife Pflaumen

100 g Honig

1 Eßlöffel Apfelessig

100 g Tamarindenmus

Die Pflaumen entkernen und ein Drittel der Kerne mit den Pflaumen in einen Topf füllen. Die Pflaumen mit Wasser bedecken und eine Stunde ohne Deckel stark kochen lassen. Öfter umrühren und, falls erforderlich, Wasser nachfüllen. Nach einer Stunde Kochzeit die Kerne herausfischen. Das Pflaumenmus eine weitere Viertelstunde köcheln lassen. Anschließend abkühlen lassen. Zum Schluß den Honig, den Apfelessig und das Tamarindenmus unterrühren.
Das Mus in gut verschließbare Gläser füllen.

Anwendung: Morgens einen Teelöffel auf nüchternen Magen essen. Diese Behandlung soll über einen längeren Zeitraum fortgeführt werden, um die Darmträgheit zu überwinden.

Verstopfung, chronische

Pilars Kräuteröl

½ Liter kalt gepreßtes Olivenöl

1 Handvoll Holunderblüten

½ Handvoll Rosmarinblüten

1 Eßlöffel Leinsamen

1 Baldrianwurzel von halber Daumenbreite

Das kalt gepreßte Olivenöl wird bei uns im Handel als 1. Pressung oder als Extra Virgen bezeichnet. Man darf keinesfalls ein Öl schlechterer

Qualität verwenden; falls sonst nicht erhältlich, sollte man es in der Apotheke kaufen.
Das Olivenöl mit den Holunder- und den Rosmarinblüten mischen, gut durchschütteln und dann drei Tage in einem gut schließenden Gefäß an einem dunklen Platz ziehen lassen.
Am vierten Tag die Leinsamen im Mörser zerstampfen und der Mischung beifügen. Die Baldrianwurzel ebenfalls im Mörser zerreiben und hinzufügen. Die Mischung gut durchschütteln. Gut verschlossen sieben Tage ziehen lassen. Jeweils morgens und abends durchschütteln.
Am achten Tag das Öl durch ein Mulltuch abseihen (kein Metallsieb verwenden). Das Öl in dunkle Flaschen füllen und vor Licht geschützt aufbewahren.

Anwendung: Morgens nüchtern einen Eßlöffel davon einnehmen. Notfalls zusätzlich einen Eßlöffel vor dem Abendessen. Die Medizin entlastet die Galle und tötet schädliche Darmbakterien. Sie sollte über einen längeren Zeitraum eingenommen werden, bis sich die Darmtätigkeit reguliert hat.

Verstopfung durch Fastenkuren

Kräutereinlauf

1 Handvoll Eichenrinde

1 Handvoll Kamillenblüten

1 Handvoll Andornkraut

1 Handvoll Löwenzahnwurzeln

½ Handvoll Wacholderbeeren (möglichst unreife, grüne)

1 Zweig Rosmarin

1 Knoblauchzehe

Eichenrinde und Löwenzahnwurzeln im Mörser zerkleinern. Andornkraut kleinschneiden. Wacholderbeeren zerquetschen. Rosmarin vom Zweig zupfen. Die Zutaten vermischen. Eine Handvoll der Mischung mit

einem Liter kochendem Wasser übergießen. Die Knoblauchzehe zerquetschen und hinzufügen.
Die Abkochung 13 Minuten ziehen lassen. Abseihen und auf Körpertemperatur abkühlen lassen.

Anwendung: Lauwarm als Einlauf in den Darm geben.

Würmer (Darmparasiten)

Granatapfel-Saft

1 Granatapfel

2 Knoblauchzehen

1 bis 2 Teelöffel Honig

Den Saft eines reifen Granatapfels auspressen und mit dem Saft der Knoblauchzehen mischen. Den Honig (es kann auch mehr als die angegebene Menge sein) darunterrühren.

Anwendung: Den Saft 13 Tage lang jeden Tag vor der Mittagsmahlzeit trinken. Er ist besonders bei Kindern ein beliebtes und erfolgreiches Mittel.

Ausscheidungsorgane

„Ehe ich über die Nieren mit dir spreche, will ich dir etwas zeigen“, Pilar ergreift meine Linke, geht mit mir aus dem Zigeunerlager. Drei unternehmungslustige Bengel, darunter Rodrigo, dessen Autounfall ich unsere erste Begegnung verdanke, laufen mit blitzenden Kirschaugen hinter uns her. In gebührendem Abstand, als wagten sie es nicht, der Phuri Dai zu nahe zu treten. Sie hält vor einem großen Olivenbaum. Seine Blätter flimmern silbern im Sonnenlicht. Sein Stamm hat einen Durchmesser von mehr als einem Meter. Er ist knorrig, voller geheimnisvoller Windungen und Öffnungen.
„Der Baum ist mehr als tausend Jahre alt“, sagt Pilar, „möge er noch einmal so lange leben.“
Sie greift nach einem gabelartig verästelten, jungen Zweig, bricht ihn. Sorgfältig streift sie die Blätter ab, steckt sie in ihre weite Rocktasche.
„Weißt du, was das ist?“
Pilar hält mir das nackte Holz entgegen. In der Mitte zusammengewachsen, streben zwei Enden auseinander. Wie Fühler eines Schmetterlings. Halb so dick wie mein kleiner Finger. Halb so lang wie mein Arm. Ich bin überfragt.
„Eine Wünschelrute.“
Pilar legt ein Ende auf ihren rechten Handteller, das andere auf den linken. Jeweils vier Finger klappt sie darüber. Die Stelle, an der die beiden „Fühler“ zusammengewachsen sind, ragt in den Himmel.
Die Phuri Dai wirft mir einen Blick zu, der mir bedeutet, daß ich ihr folgen möge. Sie schreitet langsam voran, mit leicht gesenktem Kopf. 49 Schritte zähle ich, während ich hinterhergehe.
Dann sehe ich, wie die Olivenzweig-Gabel in Pilars Händen zittert. Sie neigt sich zur Erde, steigt wieder auf, rotiert wie automatisch aufgezogen.
„Eine unterirdische Wasserader.“
„Wie tief?“
„Dreißig, vierzig Meter. Das müßte man näher lokalisieren.“

Pilar tritt drei Schritte zur Seite, reicht mir das Holz.
„Probier's, ob auch du die Strahlen aus der Erde bündeln und weitergeben kannst."
Zum erstenmal im Leben halte ich eine Wünschelrute in den Händen. Eine Wünschelrute, die ich nur aus Märchen und Legenden kenne. Das jahrtausendealte, geheimnisumwitterte Instrument der Brunnensucher. Geachtet, bis es von der katholischen Kirche als Hexen- und Teufelswerk gebrandmarkt wurde. Bis die Menschen, die jene Gabe des Suchens besaßen, verhaftet, gefoltert und auf Scheiterhaufen verbrannt wurden.
Die Wünschelrute, die schließlich von der naturwissenschaftlich analytischen Wissenschaft als Aberglaube, Gaukelei und Schwindel verachtet wird.
Was ist nun dran? Hat Pilar einen Trick gedreht? Hat sie genug von mir und will mich lächerlich machen? Soll ich es wirklich versuchen? Ich, eine in der Großstadt Berlin geborene „Gadsche"? Die so leichte Zweig-Gabel aus Olivenholz wiegt schwer in meinen Händen.
„Hör auf zu grübeln", sagt Pilar, „konzentrier dich auf die Wünschelrute und das, was sie dir zeigen wird. Verkrampf dich nicht." Unsicher mache ich drei Schritte, halte die Olivenholz-Gabel in die Höhe. Ich fühle, wie sie sich ohne mein Dazutun zur Erde zwingt, wieder aufsteigt. Wie sie sich schneller und schneller in meinen Händen dreht. Ich stehe wie gebannt.
Vibrationen durchströmen meinen Körper.
„Genug", sagt Pilar, „komm."
Sie nimmt mir die Wünschelrute aus der Hand, auf einem Umweg schlendern wir zurück ins Zigeuner-Lager.
„Du besitzt die Gabe", Pilar legt mir den Arm um die Schulter, „entschuldige, manchmal hast du mich mit deinen ewigen Fragen, warum, weshalb und wieso, ganz irritiert . . ."
„Verzeih mir, Phuri Dai! Wenn ich — wie du mir angeboten hast — dein Wissen aufnehmen und weitergeben soll, dann muß ich es doch so gründlich tun, wie es mir möglich ist. Ich muß hinterfragen, und ich muß versuchen zu verstehen, weil mir leider als Gadsche, wie du mich nennst, so vieles fremd ist."
Ehe wir an ihrem mit Sonne, Mond und Sternen bemalten Wohnwagen ankommen, fühle ich einen stechenden Schmerz im unteren Teil des Rükkens, auf beiden Seiten der Wirbelsäule. Er verteilt sich in meinem Körper durch Mark und Bein. Ich werde blaß, beiße die Zähne zusammen, so weh tut es.
„Ja, die Nieren", Pilar schaut mich aufmunternd an, „mach dir keine Sorgen, es wird gleich vorbei sein."

Sie läßt einen Tee bereiten, reicht mir eine Tasse.
„Dir passiert nichts. Ich wollte nur, daß du am eigenen Leibe spürst, wie gefährlich es ist, auf Wasseradern zu wohnen. Aber bei Menschen, die nicht sofort so stark reagieren, sind solche Ausstrahlungen auf die Dauer schädlich."

Die Nieren, so klein sie sind — durchschnittlich wiegen sie bei einem Erwachsenen nur 160 Gramm —, sind ein höchst empfindlicher Teil unseres Körpers. Sie bewältigen die gewaltige Aufgabe, den Wasserhaushalt zu regulieren. In Zusammenarbeit mit der Lunge sorgen sie außerdem für den konstanten pH-Wert unseres Blutes, indem sie überschüssige Säuren ausscheiden.
„Unsere Nieren sind besonders dem Wasser, dem Meer und dem Mond verbunden", sagt Pilar, „all jenen Kräften, die in ständiger Bewegung gehalten werden."
Eben deshalb sei Kochsalz für unsere Nieren schädlich, meint die Phuri Dai, weil es dem erstarrten, mineralischen Formenkreis entstamme.
„Besser ist Meersalz, viel besser, weil es mit all seinen vielleicht gar nicht im Labor zu erfassenden lebendigen Anreicherungen Quellen des Lebens in sich trägt."
Da Pilar von den Schwachpunkten gesprochen hat, die jeder von uns — sei es durch Vererbung oder Schicksal — auf die eine oder andere Weise in sich trage, frage ich:
„Was können die Menschen, die spüren, daß ihre Nieren und die angeschlossenen Organe anfällig sind, für sich tun?
„Beim Sonnenhunger der Touristen, meine ich, an erster Stelle, nicht mit nassem Badeanzug herumsitzen! Die Leute wissen nicht, was sie sich antun. Und welche Spätschäden sie riskieren!"
Auch für die Zigeuner-Heilerin gilt das alte Wort, daß Vorbeugen besser sei als heilen. Aber sie ist sich darüber klar, daß Organe, die relativ lange schmerzfrei und geduldig mitmachen, was ihnen ihr „Eigentümer" gebietet, meist irgendwann doch mit akuten Beschwerden protestieren.
Dafür hat Pilar mir die folgenden Rezepte anvertraut.

Blasenentzündung

Mistel-Holunder-Tee

1 Handvoll Mistelkraut

1 Handvoll Birkenblätter

1 Handvoll Holunderblüten

1 Handvoll Bärentraubenblätter

1 Handvoll Kamillenblüten

Mistelkraut und Birkenblätter mit der Hand zerkleinern. Mit den übrigen Zutaten mischen. Einen Eßlöffel der Mischung für eine Tasse Wasser nehmen.
In sprudelnd kochendes Wasser geben und 13 Minuten kochen lassen. Durch ein Mulltuch abseihen.

Anwendung: 3 x täglich eine Tasse, jeweils ½ Stunde vor den Mahlzeiten schluckweise warm trinken. Bei Bedarf mit Honig süßen.

Blasenleiden

Blasentee

2 Handvoll Brennesselblätter

1 Handvoll Holunderbeeren

1 Handvoll Schlüsselblumen

Mit drei Litern kaltem Wasser bedecken. In einem Tontopf aufkochen, anschließend 3 Minuten simmern lassen.

Anwendung: 7 x täglich je eine Tasse schluckweise trinken.

Dieser Tee ist auch bei Nierenentzündung und Nierensteinen als unterstützende Behandlung empfehlenswert.

Pilars Holunderrinden-Tee

1 Handvoll Holunderrinde

Die Holunderrinde im Mörser zerstoßen, in einen Tontopf füllen und einen Liter kaltes Wasser hinzugeben. Aufkochen und anschließend 13 Minuten simmern lassen. Durch ein Mulltuch abseihen.

Anwendung: Den Tee über den Tag verteilt schluckweise trinken.

Er wirkt stark harntreibend und ist auch bei Nierenentzündung und Nierensteinen als unterstützende Behandlung empfehlenswert.

Wurzeltee

1 Handvoll Petersilienwurzeln

1 Handvoll Queckenwurzeln

1 Handvoll Heckenrosenblüten

Die Petersilien- und Queckenwurzeln kleinschneiden und vermischen. In einem Tontopf in zwei Liter Wasser aufkochen und 13 Minuten simmern lassen. Vom Feuer nehmen und die Heckenrosenblüten mit einem Holzlöffel unterrühren. 10 Minuten zugedeckt ziehen lassen. Danach durch ein Mulltuch abseihen.

Anwendung: 5 bis 7 Tassen täglich lauwarm trinken.

Dieser Tee ist auch bei Nierenentzündung und Nierensteinen als unterstützende Behandlung empfehlenswert.

Blasensteine

Eichel-Besenginster-Tee

1 Handvoll Eicheln

1 Handvoll Besenginsterblüten und junge Zweige

1 Handvoll Wermut

1 Handvoll Brennesselwurzeln

Eicheln mahlen, Brennesselwurzeln kleinschneiden, Besenginster (Achtung: Die Blüten müssen vor der Entfaltung geerntet werden) und Wermut kleinschneiden. Alle Zutaten mischen.
Einen Eßlöffel der Mischung für eine Tasse Wasser nehmen.
Mit sprudelnd kochendem Wasser überbrühen. Zugedeckt 13 Minuten ziehen lassen.
Durch ein Mulltuch abseihen.

Anwendung: 3 x täglich eine Tasse warm trinken. Bei Bedarf mit Honig süßen.

Nierenentzündung

Hagebutten-Rosmarin-Tee

2 Handvoll Hagebutten

1 Handvoll Hauhechelwurzeln

1 Handvoll Basilikum

1 Handvoll Birkenblätter

1 Handvoll Bohnenschalen

½ Handvoll Rosmarin

Hauhechelwurzeln kleinschneiden, Hagebutten leicht zerquetschen. Birkenblätter und Bohnenschalen mit der Hand klein rupfen. Alle Zutaten mischen. Einen Eßlöffel der Mischung für eine Tasse nehmen.

In einem Ton- oder Emailtopf 7 Minuten kochen lassen, anschließend 13 Minuten ziehen lassen. Durch ein Mulltuch abseihen.

Anwendung: 3 x täglich eine Tasse heiß in kleinen Schlucken trinken. Nach Bedarf mit Honig süßen.

Nierenentzündung

Siehe Blasenleiden, Seite 86f.

Nierenleiden

Löwenzahn-Mistel-Kaffee

Löwenzahnwurzeln

Mistelblätter

Die Löwenzahnwurzeln im Frühjahr oder im Herbst ausgraben. An der Luft im Schatten trocknen lassen, niemals im Backofen.
Mit einer Wurzelbürste gründlich reinigen. In einer Eisenpfanne auf kleinem Feuer die Löwenzahnwurzeln rösten, bis sie kaffeebraun geworden sind. Gut auskühlen lassen.
In einer dicht verschließbaren Blechdose oder in einem Glas mit Schraubverschluß trocken und luftdicht aufbewahren.
Vor Gebrauch wie Kaffee jeweils frisch mahlen. Vor dem Aufbrühen einen Teelöffel des Löwenzahnpulvers pro Tasse mit drei Messerspitzen im Mörser zerstoßenen, getrockneten Mistelblättern vermischen. Zur Geschmacksverbesserung kann ein halber Teelöffel Kaffeepulver hinzugefügt werden. Die Mischung mit kochendem Wasser übergießen, sechs Minuten ziehen lassen und dann abseihen.

Anwendung: 3 x täglich eine Tasse schluckweise trinken. Weder Zucker noch Honig verwenden, da sie die heilsamen Bitterstoffe des Löwenzahns in ihrer Wirkung beeinträchtigen würden.

Dies ist ein Mittel, das Herz und Nieren anregt. Es hilft, den Blutdruck zu regulieren, hebt zu niedrigen und senkt zu hohen. Es stärkt Magensäfte und Verdauung und regt die Nieren an, Giftstoffe aus dem Körper zu schwemmen.

Nierensteine

Meerfenchel-Tee

1 Handvoll Hauhechelwurzeln

1 Handvoll Baldrianwurzeln

1 Handvoll Bärentraubenblätter

1 Handvoll Meerfenchel

Wurzeln kleinschneiden, Bärentraubenblätter und Meerfenchel mit der Hand zerkleinern, mischen.
Von der Mischung 1 Eßlöffel für eine Tasse Wasser nehmen.
Mit sprudelnd kochendem Wasser übergießen. 13 Minuten zugedeckt ziehen lassen. Durch ein Mulltuch abseihen.

Anwendung: 2 x täglich eine Tasse in kleinen Schlucken warm trinken.

Außerdem empfiehlt Pilar bei Nierensteinen eine Meerwasser-Trinkkur. „Die starken heilenden Kräfte des Meeres durchspülen die Nieren und lösen die Steine auf."

Prostata-Erkrankungen

Weidenröschen-Tee

Blätter, Blüten und Stengel von Weidenröschen

7 Tropfen Brennessel-Tinktur (siehe Seite 91)

Ein „Wundermittel", das alle Männer kennen sollten.

Zigeuner trinken es vorbeugend, sobald sich die ersten grauen Haare zeigen. Zur Vorbeugung allerdings in kleinen Dosen. Höchstens ein Likörglas täglich.
Bereitet wird die Medizin aus dem kleinblütigen Weidenröschen (Epilobium roseum) oder dem Bergweidenröschen (Epilobium montana). Die Pflanzen müssen unter oder in der Nähe von Eichen gewachsen sein.

Gesammelt werden Blüten, Blätter und Stengel ab 12 Uhr mittags, wenn die Sonne am höchsten steht, weil sich unter dem kosmischen Einfluß der Sonne die flüchtigen ätherischen Öle des Weidenröschens am heilkräftigsten entfalten.
Die Pflanze wird getrocknet und gut verschlossen aufbewahrt. Jeweils vor dem Aufbrühen wird sie zerkleinert.
Einen gehäuften Eßlöffel voll für eine Tasse Tee nehmen. Aufbrühen und 10 Minuten ziehen lassen.

Vor dem Trinken 7 Tropfen Brennessel-Tinktur hinzufügen.

Brennessel-Tinktur

Brennesselwurzeln

Reiner Alkohol, nicht vergällt

Frische Wurzeln von Brennesseln ausgraben, sauber waschen, gut abtrocknen und kleinschneiden. Die Schnitzel in ein Tongefäß oder ein Glas mit Schraubverschluß schichten. Drei Tage in der Wärme, am besten in der Sonne, stehen lassen. Mit einer Mischung von 50% Alkohol und 50% Regenwasser auffüllen und einen Mond lang stehen lassen. Jeden Morgen und jeden Abend die Zubereitung durchschütteln.
Nach einem Mond die Tinktur durch ein Mulltuch abseihen und in dunkle, gut verschließbare Glasflaschen abfüllen.

Anwendung: Von der Mischung Weidenröschen-Tee und Brennessel-Tinktur morgens und abends je eine Tasse trinken.
Zur Vorbeugung morgens oder abends ein Likörglas des Tees mit 2 Tropfen Brennessel-Tinktur.

Hautkrankheiten und Verletzungen

„Deine Haut ist das Kleid, das die Natur dir mitgegeben hat, das kostbarste und schönste Kleid, das du je haben wirst“, Pilar lächelt, streicht mir leicht über den linken Unterarm, „deshalb sei gut zu deiner Haut.“
„Klingt wie eine Werbemieze aus dem Fernsehen, entschuldige, weise Heilerin“, wage ich einzuwenden, „fehlt nach suggestivem Blick nur noch der von künstlichen Wimpern unterstrichene Zusatz: ‚Kauf dir dies, schmier jenes, trallalla, dann wartet auch auf dich das Glück!‘“
„Tontissima — Dummköpfchen“, die Phuri Dai lächelt amüsiert, lacht mit perlend tiefen Untertönen, „du weißt doch sehr wohl, daß sich die Kaufleute der ewigen Wahrheiten bedienen, um sie für ihren Vorteil nutzbar zu machen? Nach dem Motto: ‚Wer dran glaubt, ist selber schuld.‘ Sonst könnten sie ja ihre angeblich sagenhaften Produkte nicht für teures Geld absetzen. Was hat das mit mir zu tun?“
„Nichts, Pilar, nichts.“

Unsere Haut, die uns von Kopf bis Fuß umhüllt, ist unser Organ mit der größten Oberfläche: 1,6 Quadratmeter durchschnittlich bei einem Erwachsenen. Man stelle sich einen Stoff in dieser Größe vor, um nachzuempfinden, wieviel Milliarden Zellen notwendig sind, um uns nach außen hin abzuschirmen.
Unsere Haut grenzt unser Wesen nicht nur gegen die Umwelt ab. Sie ist auch ständig um Ausgleich bemüht: Bei Kälte bekommen wir ohne unser Dazutun Gänsehaut, verursacht von der „Gesundheitspolizei“ in unserem Inneren, die zu unserem Schutz Wärme aktiviert. Umgekehrt sondert die Haut bei Hitze Feuchtigkeit ab. Sie atmet und schwitzt Giftstoffe aus.

„Das wichtigste ist für jeden Menschen, sich in der eigenen Haut wohl zu fühlen“, sagt Pilar, „ich betone das, auf die Gefahr hin, daß du mich wieder einer Binsenwahrheit zeihst!

Aber so selbstverständlich, wie das klingt, ist es ja nicht: Wir Gitanos haben kaum Schwierigkeiten damit. Was man von euch Gadsches leider nicht behaupten kann! Denk mal nach, warum nicht?"

„Es gibt tausend Gründe, sich nicht wohl zu fühlen", ich zögere, „soll ich sie dir aufzählen?"

„Nein danke! Ich kenne sie. Und vielleicht besser als du!" Pilar bückt sich, pflückt eine Hibiskusblüte, steckt sie sich hinter das linke Ohr ins Haar. „Ihr freut euch zuwenig."

„Ist das so einfach?"

„Ja und nein!"

Nach Überzeugung der Phuri Dai hat O'Bengh, die Inkarnation des Bösen, seine Netze schlau ausgelegt, um uns Gadsches zu fangen. Drei ganz besonders attraktive Lockvögel lasse er darin für uns singen:

1. Den goldschillernden Reichtum, der uns in Bann schlage. Bis wir ständig von Hast und Sorgen gehetzt seien, unseren Besitz zu pflegen, zu erhalten und zu mehren.

2. Den pfauenhaften Stolz und Ehrgeiz, alle Mitmenschen zu übertrumpfen und ihnen vorzuführen, daß man selber unschlagbar sei. Das Spiel gelänge, bis unausweichlich der Tag komme, der einen zumindest auf den zweiten Platz verweise. Dann werde man von Selbstzweifeln zerfressen.

3. Die flatterhafte Ablenkung, die uns vorgaukle, es sei unnötig, über die Verantwortung und die Zusammenhänge auf unserem Planeten nachzudenken.

„Kann man sich denn noch freuen, wenn man nachdenkt über alles, was geschieht", frage ich.

„Aber sicher", sagt Pilar, „das ist der Kernpunkt. Hier und immer wieder! Jeder, der auf dieser Erde wandelt, muß Selbstvertrauen finden."

Jeder von uns müsse durch eine mit sieben schweren Siegeln beschlagene Tür treten. Ehe wir sie öffnen könnten, müßten wir uns schmerzhaft unserer eigenen Fehler bewußt werden. Aber wir müßten uns, im Gleichgewicht zum Negativen, durchaus auch unserer eigenen Vorzüge bewußt werden. Erst danach, wenn wir und selbst erkannt und angenommen hätten, könnten wir in Harmonie mit unserem Geist, unserer Seele und unserem Körper leben. „Wer so weit gegangen ist, dem werden ungeahnte Kräfte zuwachsen."

Welchen Nutzwert haben Pilars Ratschläge für unsere viel strapazierte Haut, unser Aushängeschild im Kampf ums Dasein?

„Ausschläge, Ekzeme, Geschwüre, Schuppenflechte, kurz alle Hauterkrankungen sind für mich ein Notschrei des Körpers. Ein sicheres

Zeichen, daß die anderen Ausscheidungsorgane mit der Arbeit, Giftstoffe wegzuschaffen, nicht fertig geworden sind."
Für einen Bärendienst hält es die Zigeuner-Heilerin, mit Medikamenten und Salben die Ausschläge zu verdrängen.
„Denn sie haben ja gerade die Aufgabe, den Körper zu reinigen, weil er keinen anderen Ausweg fand als die Haut! Wird ihm diese Möglichkeit zur Reinigung von Schlacken genommen, so wird er immer stärker vergiftet, bis schwere organische Schäden auftreten."
Oft seien Hautkrankheiten durch falsche Ernährung begünstigt. Dafür hat Pilar eine Diät mit Erfolg angewandt (siehe Seite 105).
„Ihr Gadsches seid aber nicht nur beim Essen zu üppig", sagt sie, „ihr verbraucht auch viel zuviel Wasser. Und Seife, Shampoos, Sprays, um nur einige der Präparate zu nennen. Ihr setzt euch zweimal täglich in die Badewanne oder geht unter die Dusche. Dabei wird die Haut jedesmal ihres natürlichen Säuremantels beraubt."
Auf die Gefahr hin, als „dreckige Zigeunerin" verteufelt zu werden, betont die Phuri Dai, wolle sie dennoch frei von der Leber weg erklären, was wir wissen müßten:
„Wenn der natürliche Schutzmantel fehlt, geht es nicht mehr allein um die Haut. Unser gesamter Organismus wird geschwächt. Er muß daran arbeiten, sein natürliches Gleichgewicht wieder herzustellen. Deshalb hat er keine Kraft, Infektionskrankheiten abzuwehren. Er wird dann leichter Beute von Bakterien und Viren."
Ich gestehe, daß ich irritiert bin. Sollen wir uns wirklich weniger waschen?
„Niemand möchte gern verschwitzt herumlaufen und den Geruch seiner Umgebung zumuten", sage ich, „das verstehst du sicher, Pilar?"
Sie steht auf, so heftig, daß der Stuhl mit einem Ruck umfällt. Sie achtet nicht darauf, tänzelt vor mir, hebt die Arme.
„Stinke ich vielleicht?"
„Soll ich ehrlich sein?" frage ich.
„Aber überall und immerzu."
„Gut, also du stinkst", ich unterbreche einen Atemzug, „nicht!"
Pilar klatscht in die Hände, ruft ihren Leuten zu:
„Chicos, Jungs, kommt rüber mit der Gitarre. Grund zum Feiern!"
Pilar wendet sich zu mir:
„Ehe der Trubel losgeht — und das wird einer werden, verlaß dich drauf — noch schnell zum Thema: „Ich habe nichts gegen Reinlichkeit. Sondern nur gegen einen schädlichen, anerzogenen Sauberkeitstick! Claro, wenn du geschwitzt hast, mußt du dich waschen. Aber doch nicht zweimal täglich unter die heiße Dusche oder in die Badewanne, um dich von

Kopf bis Fuß aufweichen zu lassen! Möglichst noch mit clever angepriesener ‚Schaum-Entspannung‘!“
Die Kluge rät, die „Problemstellen“ gründlich mit kaltem, klarem Wasser und ein wenig aus natürlichen Stoffen hergestellter Seife zu säubern.
„Unter den Armen und du weißt schon, wo noch! Und anschließend ein paar Tropfen Duftwasser, ein Parfum, das zu dir paßt! Es mischt sich mit dem Geruch deiner Haut, wenn es sich erwärmt, und es begleitet dich, dich ganz allein, wie eine Erkennungsmelodie.“

Während ich versuche, einzuordnen, was die weise Heilerin ausgesprochen hat, fällt mir die sibirische Kältewelle ein, die uns im letzten Winter wochenlang in Atem hielt. Die Notarztwagen waren ständig im Einsatz.
Eines bitter-kalten Morgens — das Außenthermometer in München zeigte minus 17 Grad, las ich beim Frühstück in der Zeitung die dreispaltig aufgemachte Meldung: „Schwedische Ärzte warnen: Wer gesund bleiben will, soll weniger baden und duschen.“
„Pilar, du stehst offenbar mit deiner Meinung nicht allein da“, sage ich.
„Pah“, sie schiebt die schön geschwungene Unterlippe vor, „soll mich freuen! Aber mir ist's, verzeih, auch gleichgültig! Denn ich weiß, was ich weiß.“
Sie senkt die Lider, atmet dreimal ein und aus, faßt meine Hand.
„Ehe ich es vergesse: Ich habe dir schon oft gesagt, daß jeder Mensch seinen individuellen Schwachpunkt in sich trägt. Und wer zu Hautreizungen neigt, dem rate ich, auf jeden Fall alle synthetisch hergestellten Stoffe zu vermeiden. Versteh mich recht: Meiner Meinung nach sind sie generell nicht gut für uns Menschen. Aber um so weniger für die Haut-Sensiblen.“
Pilars Rat: Ausschließlich reine Naturstoffe — Baumwolle, Wolle oder Seide — in Kontakt mit empfindlicher Haut kommen zu lassen.
„Und auf jeden Fall Weichspülmittel nach dem Waschen der Wäsche vermeiden.“
Kochsalz bezeichnet Pilar als Todfeind der Haut.
„Würze mit Kräutern und wenig Meersalz.“
Was für die weise Frau für unser „kostbarstes natürliches Kleid“, unsere Haut, besonders bei Krankheiten und Verletzungen empfiehlt, ist auf den folgenden Seiten festgehalten.

Pilars Zugpaste

½ Handvoll Blätter des Schwarzen Holunders
7 Blätter Bärlauch (Zigeunerkraut)
Ein paar Tropfen frisch gepreßter Aloesaft

Die Holunderblätter im Holzmörser zerreiben, den Bärlauch hinzufügen und ebenfalls zerreiben. Einige Tropfen Aloe-Saft hinzufügen, bis ein leicht auftragbarer Brei entsteht.

Anwendung: Den Abszeß mit einem mit diesem Brei bestrichenen Mulltuch bedecken. Höchstens zwei Stunden einwirken lassen. Falls erforderlich, die Behandlung nach drei weiteren Stunden wiederholen.

Auf diese Art kann man auch Eiter aus Wunden ziehen.

Kohlblatt-Pflaster

1 Blatt Wirsingkohl

Der Wirsing muß frisch sein und aus biologischem Anbau stammen. Das Blatt gut waschen und zwischen den Händen sanft reiben, damit es schmiegsamer und weicher wird.

Anwendung: Das Blatt vorsichtig auf den Abszeß oder die Wunde legen. Notfalls mit einer Mullbinde befestigen.
Das Kohlblatt so lange liegen lassen, bis die Giftstoffe aus dem Körper gezogen sind. Das kann 12 bis 24 Stunden dauern. Das Kohlblatt muß erneuert werden, wenn es braunschwarz und unansehnlich wird.
Falls kein Wirsingkohl vorhanden, kann auch Rotkohl verwendet werden.

Auf gleiche Weise kann man bei eiternden Wunden verfahren.

Schafgarben-Tee

Wurzeln der wilden Karde

1 Handvoll Blüten der Gemeinen Schafgarbe

Die Wurzeln der Wilden Karde werden nach der ersten Vollmondnacht im Herbst ausgegraben. Danach werden sie gereinigt, kleingeschnitten und im Schatten getrocknet.
Eine Handvoll dieser Wurzeln in einem Liter kaltem Wasser aufsetzen und 10 Minuten sprudelnd kochen lassen, dann vom Feuer nehmen. In einen anderen Topf die Schafgarbenblüten geben und mit dem Sud übergießen. 13 Minuten zugedeckt ziehen lassen. Durch ein Mulltuch abseihen.

Anwendung: Täglich morgens und abends je eine Tasse Tee schluckweise trinken. Außerdem für gute Verdauung sorgen. Viel frisches Gemüse essen. Am besten auch aus Brennesseln bereiteten Spinat essen.

Brennessel-Tee

1 Handvoll Brennesseln

Die Brennesseln mit kochendem Wasser übergießen und 10 Minuten ziehen lassen.

Anwendung: 2 bis 3 x täglich eine Tasse trinken.

Lavendel-Arnika-Essig

2 Handvoll Lavendelblüten

1 Handvoll Arnika-Blüten

1 Liter Apfelessig

Die Blüten mischen und in den Apfelessig geben. 13 Tage lang an der

Sonne stehen lassen. Morgens und abends gut durchschütteln. Danach durch ein Mulltuch seihen und in eine gut verschließbare Flasche füllen und aufbewahren.

Anwendung: Einen Schuß davon ins Waschwasser geben oder pur mit einem Wattebausch die Aknestellen betupfen.
Siehe auch Furunkulose, Seite 101, und Jungbrunnen Zigeunerkraut, Seite 33.

Bartflechte

Pilars Wurzel-Extrakt

1 Handvoll Klettenwurzeln

1 Handvoll Tormentillwurzeln

1 Handvoll Zinnkraut

Die Zutaten in zwei Liter Wasser 13 Minuten kochen, lauwarm abkühlen lassen. Durch ein Mulltuch abseihen und in eine gut verschließbare Flasche füllen.

Anwendung: Mit einem Wattebausch die befallenen Stellen jede Stunde betupfen.

Blaue Flecken, Prellungen

Sie schwellen weniger an, wenn man Kartoffelscheiben (siehe Seite 109) auflegt. Siehe auch Arnika-Total-Tinktur, Seite 120.

Blütenöl

½ Liter kalt gepreßtes Olivenöl

1 Tasse Kamillenblüten

1 Tasse Arnikablüten

1 Tasse Beinwell

¼ Liter kalt gepreßtes Olivenöl in ein Tongefäß füllen. Die Blüten und den Beinwell hinzufügen und die Mischung 10 Minuten lang durchrühren. Mit einem weiteren ¼ Liter Olivenöl auffüllen. Den Topf mit einem Deckel verschließen und einen Mond lang — also vier Wochen — stehen lassen. Täglich einmal fünf Minuten durchrühren.
Nach vier Wochen die Flüssigkeit durch ein Mulltuch filtern. In eine Flasche aus dunklem Glas füllen, verkorken und vor Licht geschützt aufbewahren.

Anwendung: Blutergüsse, Schwellungen, Hautausschläge, Schwangerschaftsnarben mit diesem Blütenöl einreiben oder Kompressen auflegen.

Man kann dieses Blütenöl auch zur Behandlung von Rheuma, Gicht und Arthrose verwenden.

Arnikablüten-Tinktur

1 Handvoll Arnikablüten

¼ Liter trockener Weißwein

¼ Liter 90%iger Alkohol

Die Arnikablüten in den Weißwein geben und mit 90%igem Alkohol auffüllen. Das Gefäß gut verschließen. Einen Mond lang ruhen lassen. Danach durch ein Mulltuch filtern. In Flaschen gefüllt gut verkorkt aufbewahren.

Anwendung: Zum Einreiben und für Umschläge auch bei Gelenkschmerzen und Verstauchungen verwenden.

Mit der Tinktur kann man auch Wunden desinfizieren.

Brandwunden

Siehe Aloe-Öl, Seite 109, und Beinwell-Rosmarin-Balsam, Seite 155.

Ekzeme

Wurzelsaft

1 Handvoll Queckenwurzeln

1 Handvoll Brennesselwurzeln

1 Handvoll Löwenzahnwurzeln

Die Wurzeln im Holzmörser zerkleinern. Saft durch ein Mulltuch pressen.

Anwendung: 3 x täglich einen Teelöffel frischen Preßsaftes einnehmen.

Auch bei Geschwüren und Insektenstichen kann man diesen Preßsaft verwenden.
Siehe auch Furunkulose, Seite 101, und Jungbrunnen Zigeunerkraut, Seite 33.

Entzündungen

Siehe Heilsalbe Sonnenbraut, Seite 112.

Flechten

Siehe Furunkulose, Seite 101, und Jungbrunnen Zigeunerkraut, Seite 33.

Frostbeulen

Siehe Beinwell-Rosmarin-Balsam, Seite 155.

Furunkulose

Klettenwurzel-Tee

1 Handvoll Klettenwurzeln

½ Handvoll Brennesselblätter

2 zerdrückte Knoblauchzehen

Die Klettenwurzeln im Mörser zerstampfen, mit einem Liter kaltem Wasser übergießen und über Nacht ziehen lassen. Am Morgen danach aufkochen und nach 5 Minuten Kochen abseihen. Den siedend heißen Sud auf die Brennesselblätter gießen. Zugedeckt 15 Minuten ziehen lassen. Durch ein Mulltuch abseihen und zuletzt die zerdrückten Knoblauchzehen hinzufügen.

Anwendung: 3 x täglich vor den Mahlzeiten eine Tasse schluckweise trinken.

Auch bei Akne, Ekzemen und Flechten ist dieser Tee zu empfehlen.

Klettenwurzel-Brei

1 Handvoll Klettenwurzeln

Heilerde

Apfelessig

Die Klettenwurzeln klein schneiden und in einem Tontopf mit Wasser bedeckt über Nacht zugedeckt ziehen lassen. Am Morgen danach aufkochen, 15 Minuten simmern lassen, dann abkühlen lassen und abseihen.

Anwendung: Heilerde mit dem Sud zu einem Brei anrühren und auf die befallenen Stellen auftragen. Nach einer halben Stunde die getrocknete Heilerde mit klarem Wasser, dem ein guter Schuß Obstessig (Apfelessig) hinzugefügt wurde, abwaschen.

Der Klettenwurzel-Brei ist auch bei Akne, Ekzemen und Flechten empfehlenswert.

Fußpilz

Siehe Beinwell-Rosmarin-Balsam, Seite 155.

Fußschweiß

Eichenrinden-Konzentrat

1 Handvoll Eichenrinde

½ Handvoll Ringelblumenblüten

Die Eichenrinde mit ca. zwei Liter kaltem Wasser bedecken und in einem Tontopf ohne Deckel so lange kochen, bis die Hälfte des Wassers verdampft ist. Anschließend die Abkochung mit einem Deckel verschließen und erkalten lassen.
Danach die Ringelblumenblüten hinzufügen. Mit einem Holzlöffel vorsichtig umrühren. 13 Stunden in dem geschlossenen Topf ziehen lassen. Dann durch ein Mulltuch abseihen.

Anwendung: Morgens und abends die Füße mit dem Eichenrinden-Konzentrat abwaschen und an der Luft trocknen lassen.

Geschwüre

Siehe Heilsalbe Sonnenbraut, Seite 112, und Wurzelsaft, Seite 100.

Hautausschläge, Hautunreinheiten

Austernschalen-Kalk

Austernschalen im Mörser zu Pulver zerreiben.

Anwendung: 3 x täglich eine Teelöffelspitze einnehmen.

Siehe auch Blütenöl, Seite 99.

Herpes, Bläschen an den Lippen

Pfefferminz-Rosmarin-Tinktur

1 Eßlöffel Pfefferminzöl

1 Teelöffel Rosmarinöl

5 Eßlöffel 45 %iger Alkohol

Zutaten mischen und gut durchschütteln.

Anwendung: 3 bis 5 x täglich auf die betroffenen Stellen auftupfen.

Hühneraugen

Hauswurz-Preßsaft

Hauswurzblätter

Die fleischigen Blätter vom Echten Hauswurz, der auch Dachwurz genannt wird (Serpenvivum tectorum), zerquetschen.

Anwendung: Den frischen Saft auf die Hühneraugen träufeln und ein in der Hand leicht zerquetschtes Blatt zur Abdeckung darüber legen. Notfalls mit einer Mullbinde leicht festbinden.

Insektenstiche

Thymian-Essig

1 Handvoll Thymian

½ Liter Apfelessig

7 Bärlauchblätter (Zigeunerkraut)

oder 7 Knoblauchzehen

Thymian und Apfelessig mischen und in eine gut verschließbare klare Glasflasche füllen. Einen Mond lang an der Sonne (oder mindestens an der Wärme) stehen lassen. Morgens und abends gut durchschütteln. Nach einem halben Mond (zwei Wochen) sieben kleingeschnittene Bärlauchblätter hinzufügen. Falls es zu dieser Jahreszeit keinen Bärlauch gibt, kann man auch sieben im Mörser zerstampfte Knoblauchzehen verwenden.
Nach einem weiteren halben Mond den Essig durch ein Mulltuch seihen, in dunkle Glasflaschen füllen und verschließen.

Anwendung: Die Stiche mehrmals täglich mit dem Thymian-Essig betupfen.

Er lindert den Juckreiz und ist auch bei Entzündungen der Stiche empfehlenswert.
Siehe auch Aloe-Öl, Seite 109, Heilsalbe Sonnenbraut, Seite 112, und Wurzelsaft, Seite 100.

Nagelbettentzündungen

Siehe Beinwell-Rosmarin-Balsam, Seite 155.

Nahrung für die Haut

Pilars Brennessel-Hefe-Kur

50 g Bäcker- oder Trockenhefe
1 Teelöffel Brennesselsaft

Die Hefe auf sieben Portionen aufteilen.
Kurz vor dem Einnehmen die Hefe jeweils mit einem Teelöffel nach Möglichkeit frisch gepreßtem Brennesselsaft beträufeln.

Anwendung: Einen Mond lang 7 x täglich einnehmen.

Wassermelonen-Trinkkur

Einen Mond lang nach der Brennessel-Hefe-Kur 3 x täglich vor den Mahlzeiten ein Glas frisch gepreßten Wassermelonensaft trinken.

Narben

Für schlecht verheilte Narben empfiehlt sich die „Heilsalbe Sonnenbraut" (siehe Seite 112). Zur Behandlung von Schwangerschaftsnarben siehe auch Blütenöl, Seite 99.

Narbenschmerzen

Siehe Johanniskrautöl, Seite 117, und Beinwell-Rosmarin-Balsam, Seite 155.

Pilars Haut-Diät

Frühstück: Ein Glas frisch ausgepreßten Wassermelonensaft, Möhren- oder Selleriesaft.
½ Handvoll Weizenkeime, mit einer halben Zitrone und ein bis zwei Löffeln Honig angerührt.

Dazu eine frische Feige (nach Möglichkeit), entweder zu Brei zerquetscht unter die Weizenkeime gerührt oder nebenbei gegessen.
Zwei Mandeln, die gut gekaut und eingespeichelt werden müssen.

Mittagessen: Nur Rohkost-Salate, wahlweise oder gemischt: Brunnenkresse, Löwenzahn, Vogelmiere, Sauerampfer, Bärlauch oder Knoblauch, Rapunzel, Radiccio, Eichblattsalat, Endivien, Kopfsalat, Chicorée, Tomaten, Mohrrüben, Gartengurken, Petersilie und alle anderen frischen Kräuter außer Salbei.
Falls es der Jahreszeit wegen keinen frischen Bärlauch gibt, auf jeden Fall Knoblauch nehmen, während man die sonstigen Zutaten wahlweise verwenden kann.
Bärlauch kleinschneiden. Auch die Blüte kann gegessen werden und macht sich sehr dekorativ als „Augenschmaus". Wenn kein Bärlauch vorhanden, 2 Knoblauchzehen mit ein wenig Meersalz auf einem Holzbrett mit dem Messer zu Brei drücken. In die Salatsauce rühren.
Salatsauce ausschließlich mit reinem Olivenöl zubereiten: Tropfenweise den Saft einer halben Zitrone hineinrühren, ausschließlich mit Meersalz salzen.
Auf keinen Fall Kochsalz verwenden!

Nachtisch: Eine Feige.

Getränke zum Essen: Ein Glas Wasser oder ¼ Liter Rotwein. Wer Wein trinkt, sollte ein bis zwei Schnitten Vollkornbrot zum Salat essen.

Nachmittags: Drei Mandeln langsam kauen und einspeicheln.

Abendessen: Ausschließlich gedämpftes oder gedünstetes Gemüse. Es soll beim Servieren noch „Biß" haben.
Wahlweise folgende Gemüse: Spinat, Tomaten, Bohnen, Mohrrüben,

Rote Beete, Blumenkohl, Rosenkohl, Wirsingkohl, Zucchini, Auberginen, Artischocken, Zwiebeln, Mangold, Knoblauch, weiße Rübchen. Ausschließlich mit (wenig) Olivenöl, Meersalz und Kräutern würzen. Nach Geschmack zwei Kartoffeln mitkochen oder extra servieren.

Von Pilar empfohlene Kräuter: Basilikum, Kerbel, Dill, Fenchel, Bohnenkraut, Thymian, Petersilie, Schnittlauch, Rosmarin, Zitronenmelisse, Majoran, Liebstöckel, Borretsch, Gartenkresse, Estragon.

Getränke zum Essen: ¼ Liter herber Weiß- oder Rotwein.

Pilar: „Die Diät sollte einen Mond lang durchgehalten werden. Wer mag, kann zusätzlich die Brennessel-Hefe-Kur machen (siehe Seite 105). Auch danach sollte, wer zu Hautkrankheiten neigt, möglichst wenig tierisches Eiweiß — und schon gar kein Schweinefleisch — essen. Fische und Muscheltiere sind (sofern aus sauberem Wasser) nach der Kur wieder erlaubt."

Nesselfieber, Nesselsucht

Wacholder-Tee

1 Handvoll Brennesseln

1 Handvoll Wacholder

1 Eßlöffel Wermut

½ Handvoll Baldrianwurzeln

Die Kräuter und Wurzeln kleinschneiden und vermischen. Die Mischung (ein Eßlöffel für eine Tasse) mit sprudelnd kochendem Wasser übergießen.

Anwendung: 2 x täglich eine Tasse lauwarm trinken.

Apfelessig

Apfelessig (Obstessig) halb und halb mit kaltem Wasser mischen, ein Baumwolltuch darin eintauchen und auf die betroffenen Stellen legen.

Rinden-Kompressen

½ Handvoll Weidenrinde

½ Handvoll Eichenrinde

½ Handvoll Leinsamen

1 Teelöffel Obstessig

3 Tropfen Arnikablüten-Tinktur (siehe Seite 99)

Weiden- und Eichenrinde mit den Leinsamen vermischen. Die Mischung im Mörser zerreiben und mit heißem Wasser zu einem Brei anrühren. Den Obstessig und die Arnikablüten-Tinktur hinzufügen.

Anwendung: Die Mischung in ein Baumwolltuch schlagen und auf die befallenen Stellen legen.

Pilars Heilpflanzen-Salat

Brunnenkresse

Löwenzahn

Kerbel

Junge Brennesseln

Die Brennesseln kurz mit kochendem Wasser überbrühen, damit sie nicht mehr brennen. Alle Zutaten vermischen. Wenn kein frischer Salat zu beschaffen ist, kann man aus den genannten Kräutern auch einen Tee kochen.

Anwendung: Täglich Heilpflanzen-Salat essen oder eine Tasse des Tees trinken.

Pilars Rat: Viel in die Sonne gehen.

Schwellungen

Kartoffelscheiben

1 Kartoffel aus biologischem Anbau

Eine rohe, gut gewaschene Bio-Kartoffel in hauchdünne Scheiben schneiden und diese zwischen den Händen sanft ein wenig zerquetschen.

Anwendung: Die Kartoffeln auf die betroffenen Stellen legen. Mehrere Scheiben können so übereinander geschichtet werden, daß Luft zwischen den Schichten ist. Nach einer Stunde werden die Kartoffelscheiben abgenommen. Bei Bedarf die Behandlung wiederholen.
Bei „Veilchen-Augen" werden die Kartoffeln auf die geschlossenen Augenlider gelegt.

Diese Behandlung ist auch zur Linderung eines Sonnenbrandes empfehlenswert.

Siehe auch Blütenöl, Seite 99, und Arnika-Total-Tinktur, Seite 120.

Sonnenbrand

Aloe-Öl

½ Liter Olivenöl

2 Likörgläser frisch gepreßter Aloe-Saft

Den Aloe-Saft unter ständigem Rühren mit einem Holzlöffel tropfenweise dem Öl hinzufügen.

Anwendung: Den ganzen Körper mit dem Öl einreiben.

Dieses Öl ist auch empfehlenswert, um Insektenstiche abzuwehren und zur Linderung der Schmerzen von Brandwunden. Man trägt dazu das Öl auf die verbrannten Stellen auf.
Zur Linderung von Sonnenbrand siehe auch Kartoffelscheiben, Seite 109, und Johanniskrautöl, Seite 117.

Verbrennungen

Akanthus-Kompressen

Akanthusblätter

Frische Akanthusblätter zerquetschen und auf die betroffene Stelle legen.
Eventuell Akanthus-Blätter-Brei auf ein Leinentuch geben und um die Wunde hüllen.
Akanthus ist eine vorwiegend im Mittelmeergebiet wachsende Pflanze. Ich habe mir Samen mitgebracht und sie im Chiemgau in Bayern vor ein paar Jahren in meinen Garten gepflanzt.
Die Pflanze hat sich zu meiner Freude sogar als winterhart erwiesen.

Warzen

Bärlauch-Saft

Bärlauchblätter
oder Knoblauchzehen

Bei Vollmond, um Mitternacht, Warzen mit dem frisch gepreßten Saft von Bärlauch (Zigeunerkraut) betupfen.
Notfalls, falls kein frischer Zigeunerkraut-Saft zur Hand, den Saft frisch gepreßter Knoblauchzehen verwenden.
Die mehrfach benetzten Warzen 3 Minuten lang dem direkten Mondlicht im Freien aussetzen.
Während dieser Zeit sich stark darauf konzentrieren, daß die Warzen keine Nahrung mehr im Körper finden werden, sondern absterben müssen. Dabei hilft der „Zauberspruch", den man auch Kindern vorsagen und sie nachsprechen lassen kann:

„Garstige Warze,
verharze!
Troll von mir fort
zu anderem Ort . . .
Garstige Warze,
verharze!"

Wunden

Betonienwein

1 Handvoll Betonienblätter (auch Heilziest genannt)

1 Handvoll Betonienwurzeln

1 Liter trockener Rotwein

½ Handvoll Kamillenblüten

Die Betonienwurzeln kleinschneiden, mit den Betonienblättern vermischen und mit Rotwein bedecken. In einem Ton- oder notfalls Emailtopf 15 Minuten köcheln lassen. Danach 5 Minuten zugedeckt ziehen lassen. Die Flüssigkeit auf die Kamillenblüten gießen und bis zum Erkalten ziehen lassen. Danach durch ein Mulltuch abseihen.

Anwendung: Einen Wattebausch oder ein Mulltuch in die Abkochung tauchen und als Umschlag auf die Wunde legen. Die Behandlung öfter wiederholen. Man darf dieses Mittel aber erst anwenden, wenn die Wunde nicht mehr eitert.

Siehe auch Johanniskraut-Öl, Seite 117.

Wunden, Desinfektion

Siehe Arnikablüten-Tinktur, Seite 99, Arnika-Total-Tinktur, Seite 120, und Beinwell-Rosmarin-Balsam, Seite 155.

Wunden, eiternde

Mit Pilars Zugpaste oder einem Kohlblatt-Pflaster (siehe Seite 96) können die Giftstoffe aus der Wunde gezogen werden.

Wunden, schlecht heilende

Heilsalbe Sonnenbraut

1 Handvoll Bärlauch (Zigeunerkraut)
1 Tasse Ringelblumenblüten
9 Rosmarinblüten
9 Lavendelblüten
1 Tasse Ziegenbutter oder Olivenöl

Das Original-Rezept schreibt eine Tasse Ziegenbutter vor, die auf kleiner Flamme flüssig, aber nicht zu heiß gemacht wurde. Man kann an ihrer Stelle auch Olivenöl verwenden, was die Zubereitung allerdings flüssig bleiben läßt. Wer das nicht mag, kann sich in der Apotheke eine neutrale, stabile Salbengrundlage besorgen.
In die flüssig gemachte Salbengrundlage wird die Kräuter-Blütenmischung mit einem Holzlöffel vorsichtig hineingerührt. Nur Ton- oder Emailtöpfe verwenden! Drei Minuten unter Rühren simmern lassen. Vom Feuer nehmen und die Masse erkalten lassen. Zugedeckt kühl stellen.
Tags darauf die Mischung noch einmal vorsichtig erhitzen und sieben Minuten lang rühren. Handwarm erkalten lassen und durch ein Mulltuch abseihen. In Tontöpfe oder Glastiegel füllen. Gut verschlossen und kühl im Dunkeln aufbewahren.

Anwendung: Bei Bedarf dünn (lieber öfter wiederholen) auf die betroffenen Stellen auftragen.

Diese Salbe hilft bei Geschwüren, Narben, Entzündungen, Insektenstichen und ist sehr gut für wunde Babypopos.

Wundschmerzen

Siehe Schmerz-Bann-Heiltrunk, Seite 144.

Nervenschmerzen, Muskelverspannungen, Rheuma

Zigeuner leiden selten chronisch unter äußerst schmerzhaften Weichteil- und Gelenkdeformationen, die unter dem Sammelbegriff „Rheumatische Erkrankungen“ gefürchtet sind.
Die offizielle medizinische Forschung hat die vielfältigen Erscheinungsformen dieser schweren Allgemeinerkrankung nach einzelnen Symptomen aufgeteilt und ihnen eigene Namen zugewiesen. Zum Beispiel: Arthritis, Polyarthrose, Spondylose, Osteonchondrose, Bechterrewasche Krankheit, um nur einige der gelehrten Bezeichnungen zu erwähnen. Trotz dieser mit Akribie vorgenommenen Sondereinteilung aber stehen die Schulmediziner der schweren Krankheit oft hilflos gegenüber.
Rheumatische Erkrankungen haben sich in unserer westlichen Welt zu einer wahren Volksplage entwickelt. Zu allem Unglück nimmt die Zahl der chronisch darunter Leidenden ständig zu.
Ist Rheumatismus eine Zivilisationskrankheit, mit der die Betroffenen mehr schlecht als recht leben müssen? Sind sie dazu verurteilt, ihr Leben lang schwere schmerzstillende Mittel einzunehmen und oft verheerende Nebenwirkungen in Kauf zu nehmen?
„Nein“, sagt Pilar, „Rheuma ist heilbar, wenn man sich mit der Krankheit richtig auseinandersetzt.“

Ehe sie mir verrät, wie man vorgehen muß, spricht die Zigeuner-Phuri-Dai über den Zusammenhang zwischen kosmischen Einflüssen, Sonnenflecken, Wetterwechsel und Rheuma. Sie selbst wisse, wenn die Gefahr in der Luft liege und hielte dann die Angehörigen ihres Clans an, sich vorzusehen.

„Solche Warnungen aber lassen sich nicht in Patentrezepte verwandeln, die ich dir übermitteln könnte“, sagt sie, „als Faustregel aber kannst du schreiben, daß wir Menschen in den Monaten Oktober, November, Dezember, Januar und Februar besonders rheumagefährdet sind.“
Zur Vorbeugung und erst recht allen Rheumakranken empfiehlt Pilar ihre Linsensaft-Kur (siehe Seite 116).
„Wer diese Linsensaft-Kur einmal ein halbes Jahr durchgehalten hat“, versichert Pilar, „wird merken, daß sie Wunder wirkt. Oft hilft die Natur mit ganz einfachen Mitteln.“
Was kann Pilar den Rheumakranken sonst noch empfehlen?
„Auf die Gefahr hin, mich zu wiederholen“, sagt sie, „rate ich an erster Stelle, den Körper nicht noch weiter mit synthetisch hergestellten Tabletten zu vergiften.
Das Verdrängen der Krankheit ist sinnlos und führt in einen Teufelskreis. Der Kranke muß sich mit ihr auseinandersetzen und sie annehmen.
Diese Grundeinstellung gilt selbstverständlich für alle Krankheiten, wie ich schon ausgeführt habe. Krankheit ist für mich immer ein Notruf des Körpers, der dem Menschen bedeuten will: Ändere etwas!“
„Aber Pilar“, wende ich ein, „wer große Schmerzen leidet, greift dann, spätestens am dritten Tage, eben doch zur Tablette, einfach, weil er es nicht mehr aushalten kann.“
„Ihr Gadsche habt euch eben angewöhnt, das Leben als pflegeleicht zu betrachten“, die Phuri Dai schüttelt den Kopf, „bis ihr an eure Grenze stößt und voll Schrecken merkt (oder nicht merken wollt), daß es so nicht funktioniert. Wohl dem, für den es dann nicht zu spät ist.“
Pilar ist der Überzeugung, daß Rheuma durch Schlacken und Giftstoffe entsteht, die sich über lange Zeit im Körper ansammeln und nicht ausgeschieden werden können. Er ist übersäuert.
Diese Entwicklung kann sich über Jahre hinziehen. Bis dann zum Beispiel eine ungünstige kosmische Einstrahlung auftritt, die als Auslöser für die Erkrankung wirkt. Genau wie der berühmte Tropfen, der das Faß zum Überlaufen bringt.

Ist dieser verhängnisvolle Zustand eingetreten, rät Pilar zu folgender Therapie.
„Wünsche und hilf deinem Körper, die Giftstoffe loszuwerden, die du unseligerweise in ihm angereichert hast. Stelle dich innerlich darauf ein, und wappne dich mit Geduld.
Wenn du die Erwartung hast, du könntest wie ein Auto repariert werden, wird dir keine noch so gut gemeinte Behandlung nützen! Denn du mußt die Ursache des Leidens bekämpfen, nicht die äußere Erscheinungsform.

Halte feste Bettruhe, mindestens 14 Tage lang. Besser drei Wochen. Ich weiß, das das langweilig und mühsam ist und Geduld erfordert. Aber was sind drei Wochen im Tausch gegen die Gesundheit?
Liege nur in Bettwäsche aus reiner, naturbelassener Baumwolle. Vermeide bei Wäsche und Kleidung jeden noch so kleinen Anteil von Kunststoffen. Auch Bettdecken sollten ausschließlich aus Naturmaterialien (Baumwolle, Wolle, Felle) sein.
Faste mindestens 13 Tage lang.
Trinke in dieser Zeit: Saft aus roh gepreßten Kartoffeln, rühre pro Tasse einen Teelöffel Heilerde hinein. Auch Möhrensaft ist erlaubt.
Nimm 3 x täglich, morgens, mittags und abends, einen Teelöffel Brennnesselsaft.
Versuche, die Schlacken, die deinen Organismus vergiften, durch Schwitzen auszuscheiden. Trinke dazu — etwa alle drei Stunden oder nur zweimal täglich — den schweißtreibenden Rheuma-Tee I (siehe Seite 118.).
Wie oft du den Tee vertragen kannst, mußt du selbst herausfinden. Denn die Reaktion ist immer individuell verschieden. Ich kann nur Mittelwerte, die meinen Erfahrungen entsprechen, angeben. Diese Mengen aber können nach eigenem Ermessen und Gefühl abgewandelt werden.
Vergiß die Linsen-Saft-Kur nicht.
Höre Musik und versuche zu schlafen, um schneller gesund zu werden.
Falls du nicht leicht schwitzen kannst, bedecke dich auch im Sommer mit zwei Bettdecken. Lege eine Wärmeflasche an die Füße."
Nach dem Schwitzen muß der Kranke mit lauwarmem Wasser, dem ein Zweig Rosmarin zugefügt wurde, abgewaschen werden. Anschließend schnell trocken reiben. Die schmerzenden Stellen danach mit Blütenöl (siehe Seite 99) einreiben. Notfalls Kompressen auflegen.
Pilar: „Während des Fastens muß durch Einläufe für die Entleerung des Darms gesorgt werden. Zweimal täglich, morgens und abends. Damit die Giftstoffe auch über den Darm ausgeschieden werden können." (Siehe Kräutereinlauf, Seite 81)
„Die Fastenkur ist der erste Schritt zur Gesundung", sagt Pilar.
„Aber anschließend muß der Rheumakranke unbedingt Diät halten, wenn er aus dem Hexenkessel seines Leidens herauskommen will. Wenn er es durchhält, wird er sich jung und frisch und leistungsfähig fühlen, wie seit Jahren nicht mehr. Ich weiß, es ist hart, auf alle lieben Gewohnheiten zu verzichten", sagt Pilar, „aber später darf der Rheumakranke, wenn er genesen ist, ja wieder behutsam zu seiner ehemaligen Lebensweise zurückkehren. Er darf nur nicht übertreiben und muß auf die Signale seines Körpers achten. Ich finde, dieser Preis ist nicht zu hoch für die Wiedererlangung der Lebensfreude."

Bänder- und Sehnenüberdehnung

Siehe Beinwell-Rosmarin-Balsam, Seite 155.

Gelenkschmerzen

Siehe Arnikablüten-Tinktur, Seite 99.

Gicht

Linsensaft-Kur

1 Teelöffel Linsen

Abends die Linsen in einer halben Tasse Wasser einweichen. Zugedeckt über Nacht stehen lassen. Morgens die Flüssigkeit abseihen.

Anwendung: Vor dem Frühstück auf nüchternen Magen trinken. Die ausgelaugten Linsen wegwerfen. Kur mindestens ein halbes Jahr durchhalten.

Siehe auch Blütenöl, Seite 99, und Beinwell-Rosmarin-Balsam, Seite 155.

Hexenschuß

Rindentee

1 Handvoll Weidenrinde

1 Handvoll Birkenrinde

1 Handvoll Taubnesseln

Die Zutaten mischen. Mit kochendem Wasser übergießen und 3 Stunden zugedeckt ziehen lassen. Durch ein Mulltuch abseihen.

Anwendung: Abkochung körperwarm vor dem Trinken anwärmen, drei Tassen schluckweise täglich. Kann auf Wunsch mit Honig gesüßt werden.

Diese Abkochung kann äußerlich zu Umschlägen verwendet werden. Ein Baumwolltuch in den Sud tauchen, gut auswringen und auf die schmerzenden Stellen legen. Danach mit einem Baumwolltuch abdecken und anschließend ein Wolltuch so dicht auflegen, daß keine kalte Luft eindringen kann. Im Bett sich gut zudecken.
Auch bei Ischias kann dieser Tee verwendet werden.

Kartoffelwickel

Kartoffeln in der gewaschenen Schale weich kochen. Danach auf ein Baumwolltuch legen und zerdrücken. Warten, bis die heißen Kartoffeln etwa auf 40° C abgekühlt sind.

Anwendung: In einem Baumwolltuch auf die schmerzenden Stellen legen. Mit einem Wolltuch abdecken. Im Bett liegen bleiben.
Vorsicht: Beachten, daß die Kartoffeln innen nicht mehr kochend heiß sind, um Verbrennungen zu vermeiden.

Auch bei Ischias können diese Wickel verwendet werden.
Siehe auch Johanniskrautöl, Seite 117.

Ischias

Johanniskrautöl

Johanniskrautblüten

1 Liter Olivenöl

Die Johanniskrautblüten in ein helles Glas mit Schraubverschluß füllen und die Blüten vollständig mit Olivenöl bedecken. Einen Mond lang in der Sonne stehen lassen.
Danach abfüllen und in dunkle Flaschen oder Gläser füllen.

Anwendung: Zum Einreiben verwenden. Zur Wundbehandlung ein Läppchen mit dem Öl tränken und auflegen.
Achtung: Wer Johanniskrautöl aufgetragen hat, sollte sich nicht der Sonne aussetzen, da die Lichteinwirkung zu Hautflecken führen könnte.

Dieses Öl kann man bei verschiedenen Schmerzen verwenden: bei Nervenschmerzen, Hexenschuß, Tennisarm, Rheuma, Nackenschmerzen, Muskelverspannungen, Wundschmerzen, Sonnenbrand und Narbenschmerzen.
Siehe auch Hexenschuß, Seite 116f.

Muskelverspannungen

Siehe Johanniskrautöl, Seite 117.

Nervenschmerzen

Siehe Johanniskrautöl, Seite 117.

Rheuma

Pilars Rheuma-Tee I

½ Handvoll Eschenrinde

½ Handvoll Eschensamen

½ Handvoll Eschenblätter

½ Daumenbreit Süßholzwurzel

¼ Handvoll Pfefferminzblätter

1 Eßlöffel Kornblumenblüten

1 Eßlöffel Ringelblumenblüten

Alle Zutaten kleinschneiden. Süßholzwurzel im Holzmörser zerreiben. Alles gut vermischen und in gut verschließbarem Gefäß aufbewahren.

Eine Handvoll der Mischung in einen Tontopf geben und mit einem Liter sprudelnd kochendem Wasser übergießen. 15 Minuten zugedeckt ziehen lassen. Dann durch ein Mulltuch abseihen.

Anwendung: Den Tee möglichst heiß schluckweise trinken; alle 3 Stunden eine Tasse.

Der Tee wirkt schweißtreibend, fiebersenkend und entzündungshemmend. Im Bett bleiben, sich vor Zugluft schützen, Frotteetücher und frische Wäsche bereit halten.

Pilars Rheuma-Tee II

(Falls die Zutaten für das 1. Rezept nicht zur Hand sind)

1 Handvoll Eschenblätter

1 Handvoll kleingeschnittener Holunderrinde

½ Handvoll Kiefernnadeln

Mischung in einem Tontopf mit einem Liter Wasser übergießen und 3 Minuten sprudelnd kochen lassen. Anschließend zugedeckt 15 Minuten ziehen lassen. Durch ein Mulltuch abseihen.

Anwendung: Nicht mehr als zwei Tassen täglich schluckweise trinken.

Badezusatz für Rheumakranke

2 Handvoll Eschenblätter

1 Handvoll Holunderrinde

½ Handvoll Kiefernnadeln

Mischung in eineinhalb Liter Wasser kalt aufsetzen. Erhitzen und im offenen Tontopf 20 Minuten simmern lassen. Extrakt danach abseihen und in das warme Badewasser gießen.

Anwendung: 20 Minuten im Bad sitzen bleiben. Danach kurz kalt abduschen, gut abtrocknen, mindestens eine halbe Stunde ruhen.

Siehe auch Blütenöl, Seite 99, und Johanniskrautöl, Seite 117.

Pilars Rheuma-Diät

Erlaubt und empfohlen sind:
Viel Kartoffeln, in der Schale im Dampfkochtopf gekocht oder auch roh gepreßter Kartoffelsaft; Wurzelgemüse (Mohrrüben, rote Beete, Sellerie, Schwarzwurzeln) als Rohkost, als Saft oder gedünstet; Olivenöl; Butter; Quark; Yoghurt; Weizenkleie; Löwenzahnblätter; Brunnenkresse; Zigeunerkraut (Bärlauch), am besten frisch, als Ersatz kann man auch Knoblauch verwenden; 6 Mandeln täglich, sorgsam zerkauen; Ziegenkäse; weiters Brennesselsaft, am besten frisch gepreßt, 3 x täglich einen Teelöffel. Linsen-Saft-Kur beibehalten.
Außerdem Heil-aller-Schäden-Trank (siehe Seite 31) und Gitano-Bitter (siehe Seite 32) trinken, um die Abwehrkräfte zu stärken.

Verboten sind:
Weißbrot; Süßigkeiten, Kuchen, Marmelade; Obst; Konserven; Honig; Zwiebeln; Zucker; Kochsalz; alle Arten von Päckchensuppen; Fleisch, Wurst, Speck, Schinken; Kaffee; schwarzer Tee; Alkohol; Rauchen.

Rheumatische Schmerzen

Arnika-Total-Tinktur

Arnika (Blüten, Blätter und Wurzeln)

70%iger Alkohol

Pilar: „Ich bitte deine Leser, das Rezept nicht nachzumachen, denn dann würden sie die letzten Arnika, die es noch auf den Bergen gibt, ausrotten. Ich weiß wohl, daß das verboten ist, weil Arnika unter Naturschutz steht. Aber wir wissen selbst nur zu gut, daß Gesetze wenig ausrichten, wenn die Einsicht und der Wille fehlen, sie zu akzeptieren." Im Bezugsquellennachweis ist angeführt, wo die Arnika-Total-Tinktur erhältlich ist. Ich führe die Zubereitungsweise dennoch an, da sie für die Rezepturen der Zigeuner typisch ist.
Die Pflanze muß mit Blüten, Blättern und Wurzel in der Neumondnacht nach der Sommersonnenwende geerntet werden. Die Pflanze wird gewa-

schen, die Blütenblätter zupft man aus dem Körbchen, in das sich oft Insekten einnisten. Das Körbchen muß gründlich gesäubert werden. Die Arnika-Pflanze wird kleingeschnitten, samt den Wurzeln mit Alkohol bedeckt und einen Mond lang in der Sonne stehen gelassen; jeden Tag einmal gut durchschütteln.
Danach wird die Tinktur abgeseiht und in dunkle Flaschen gefüllt.

Anwendung: Einen Eßlöffel Arnika-Total-Tinktur in einen halben Liter Wasser geben und damit ein Mulltuch befeuchten. Das Mulltuch auf die schmerzenden Stellen legen.

Außer bei rheumatischen Schmerzen hilft die verdünnte Arnika-Total-Tinktur (äußerlich angewendet) bei Kopfschmerzen, Schwellungen, Prellungen, eignet sich zur Desinfektion von Schnittverletzungen und anderen Wunden (die Kompresse wird jeweils auf die betroffene Stelle gelegt).
Beinahe so lang wie die Liste ihrer guten Wirkungen ist das Namensregister der sonnenäugigen Arnika, die hoch oben in den Bergen wächst: Wolfsauge, Wolfsgelb, Wohlverleih, Fallkraut, Stichkraut, Wundkraut, Kraftwurz, Wolfbanner, Donnerwurz, Bilmeskraut, Schnupftabakblume und Johanniskrautblume.
Bei den Sonnwendritualen unserer Vorfahren gehörte sie in den Kreis der mystisch-heiligen, segenbringenden Pflanzen, ebenso wie die Mistel.
Die Zigeuner kennen die heilenden Kräfte der Arnika seit längst versunkenen Tagen, und auch sie sprechen ihr die Kraft des Wolfes zu, des mutigen und unberechenbaren Tieres, das sich nie bändigen ließ. Das sich aber dennoch, den eigenen Gefährten und der Familie gegenüber, stets wohl und hilfreich verhielt.
„So mußt du auch mit der Arnika umgehen“, sagt Pilar, „wenn du ihre guten Seiten zu deinem Segen entgegennehmen willst. Geht man roh und gefühllos mit ihr um und verschwendet durch Überdosierung ihre guten Kräfte, zeigt sie die Zähne. Durch Nebenwirkungen, die der Wissende immer vermeiden wird.“
Pilar nennt die Arnika übrigens „Lobojito de Sol“ — Sonnenwölflein — und führt mich an die Stellen, wo die Pflanze noch ungestört prangt. Hier kann die Arnika Kopf und Auge dem Himmel und den Gestirnen zuwenden. Ohne Gefahr zu laufen, ausgerottet zu werden. Bei uns steht sie längst unter Naturschutz.
Die Germanen und auch die Zigeuner hielten ihr Wissen über die ungewöhnlichen Kräfte der Arnika geheim. So galt sie lange Zeit bei den offiziell inthronisierten Ärzten von damals lediglich als Aphrodisiakum — eine Eigenschaft, die man ihr heute nicht mehr nachrühmt.

„Es ist aber durchaus möglich, daß das ‚Sonnenwölflein' so wirkt", überlegt Pilar, „weil seine Kraft eben den ganzen Menschen anregt und mutig macht."
Der Name Arnika, der uns heute so vertraut ist, kam erst vor 500 Jahren auf, als die Kenntnisse von uralten Heilkräutern mit Hexen und Zauberern auf den Scheiterhaufen verbrannten.

Rückenschmerzen

Siehe Pilars Würzsud, Seite 153.

Sehnenscheidenentzündung

Siehe Beinwell-Rosmarin-Balsam, Seite 155.

Tennisarm

Siehe Beinwell-Rosmarin-Balsam, Seite 155.

Frauenleiden

Wir Frauen sind kosmischen Einflüssen stärker ausgesetzt als die Männer", sagt Pilar, „denk nur an den Mond, nach dessen 28-Tage-Rhythmus sich auch unsere Periode regelt."
Wir seien den Sternen unmittelbarer verbunden, weil wir dazu berufen sind, das Leben auf unserer Erde auszutragen und zu bewahren.
„Darum kann ich nicht verstehen, daß die natürlichen Vorgänge, die mit dieser Aufgabe verbunden sind, von euch Gadsches oft mit Abscheu betrachtet werden."
„Oft ist das Hilflosigkeit", antworte ich, „Mütter, die selbst nicht aufgeklärt worden sind, können das auch ihren Kindern nicht vermitteln."
„Aber ihr könnt doch alle lesen, im Gegensatz zu uns", sagt Pilar amüsiert, „da gibt es doch sicher ein gutes Buch, mit dem die Mutter sich und ihrem Kind helfen könnte."

Die Zigeuner-Heilerin ist überzeugt, daß der Grundstein für viele Frauenleiden schon durch die Geheimnistuerei in der Jugend gelegt wurde.
„Ein Mädchen, das nicht einordnen kann, was in ihm vorgeht, fürchtet sich und verkrampft sich."
Pilar weiß, daß die hormonellen Umstellungen das Wohlbefinden unseres Körpers beeinträchtigen können.
„Es muß die Bereitschaft in dir sein, diese Vorgänge zu tragen, dann wirst du selten Krämpfe oder Schweißausbrüche bekommen. Sobald du dich sträubst, machst du alles schlimmer."
Zur Unterstützung der seelischen Bereitschaft hat mir Pilar die folgenden Rezepte anvertraut, die Frauen helfen können, unbeschwerter zu leben.

Empfängnisverhütung

Pilars Geheimrezept

1 Bergamottzitrone

1 Zitrone

Beide Zitronen auspressen und die Säfte mischen.

Anwendung: Vor der Liebe in die Scheide träufeln, im Liegen. Fünf Minuten warten, damit sich der Saft gut verteilt. Da das Milieu in der Scheide basisch ist, schmerzt es nicht.

Ein Geheimnis, daß Zigeunerinnen nur Kundinnen anvertrauten, die schworen, das Rezept nicht zu verraten.
Eine sehr verständliche Vorsichtsmaßnahme, da Empfängnis-Verhütung lange Zeit von Staat und Kirche verdammt war und streng bestraft wurde. Da die Bergamottzitrone, die übrigens nicht eßbar ist, aber zu Duftzwecken Parfüms und Kölnisch Wasser beigegeben wird (und der Tee-Mischung Earl Grey), nur in sehr warmen Ländern wächst, bereiteten die Zigeunerinnen Bergamott-Öl. Ein Tropfen davon, dem Saft der frischen Zitrone beigemischt, leistet dieselben Dienste wie die ausgepreßte Frucht.

Gebärmutterschwäche

Siehe Frauenmantel-Tee, Seite 125.

Menstruationsbeschwerden

Pilars Frauenleid-Trunk

1 Handvoll Nelkenwurzwurzeln

1 Handvoll Weidenrinde

Beides im Holzmörser zerreiben und die Mischung mit einem Liter Wasser kalt aufsetzen, langsam erwärmen, aufkochen lassen und vom Feuer nehmen. Auf Handwärme abkühlen lassen, durch ein Mulltuch abseihen.

Anwendung: 3 x täglich eine Tasse lauwarm trinken. Nach Bedarf mit Honig süßen.

Männertreu-Saft

1 Handvoll Männertreuwurzeln

1 Handvoll Männertreublätter

Männertreuwurzeln und Männertreublätter zu gleichen Teilen im Holzmörser zerreiben. Saft durch ein Mulltuch pressen.

Anwendung: 3 x täglich einen Eßlöffel frisch gepreßten Saft mit Milch vermischt einnehmen.

Menstruation, zu starke

Frauenmantel-Tee

½ Handvoll Hirtentäschelkraut

½ Handvoll Frauenmantelkraut

1 Eßlöffel Melissenkraut

Alle Kräuter kleinschneiden und mischen.
2 Eßlöffel der Mischung in einen Ton- oder Emailtopf in einem halben Liter kaltem Wasser aufsetzen, aufkochen und danach zugedeckt 13 Minuten ziehen lassen. Durch ein Mulltuch abseihen.

Anwendung: 4 Tassen täglich trinken, eisgekühlt. Nach Bedarf mit Honig süßen.

Man verwendet diesen Tee auch, um Zwischenblutungen zu vermeiden und bei Gebärmutterschwäche.

Schwangerschaftsnarben

Siehe Blütenöl, Seite 99.

Übermäßige Schweißbildung in den Wechseljahren

Salbei-Rainkohl-Tee

1 Handvoll Salbeiblätter

1 Handvoll Walnußrinde

1 Handvoll Rainkohlkraut

Walnußrinde im Mörser zerreiben. Salbeiblätter und Rainkohlkraut mit der Hand zerkleinern. Zwei Eßlöffel dieser Mischung für eine Tasse Tee nehmen.
In einem Ton- oder Emailtopf in kaltem Wasser aufsetzen, 13 Minuten auf kleiner Flamme kochen lassen. Durch ein Mulltuch abseihen.

Anwendung: 2 x täglich, morgens und abends, eine Tasse warmen Tee trinken. Bei Bedarf mit Honig süßen.

Wechseljahrbeschwerden

Pilars Blütentrunk

1 Handvoll Gänseblümchen-Blüten

1 Handvoll Drüsenhaare der unbefruchteten Hopfendolde

1 Handvoll Kamillenblüten

Je einen Eßlöffel der Mischung für eine Tasse Tee nehmen. Mit kochendem Wasser übergießen und 13 Minuten ziehen lassen.

Anwendung: 3 x täglich über einen längeren Zeitraum eine Tasse Tee lauwarm trinken. Auf Wunsch mit Honig süßen.

Siehe auch Pilars Baldrianwein, Seite 145.

Melissenwein

2 Handvoll Melissenblätter

1 Liter trockener Weißwein

Die Melissenblätter mit dem Wein übergießen. In heller, gut verschlossener Flasche 13 Tage lang ziehen lassen.

Anwendung: 2 x täglich ein Likörglas trinken.

Dieser Wein eignet sich auch zur Bekämpfung der Wetterfühligkeit.

Zwischenblutungen

Siehe Frauenmantel-Tee, Seite 125.

Schwangerschaft und Geburt

Die natürliche, schmerzlose Geburt ist für Zigeunermütter die Regel. Naturverbunden, wie sie sind, fürchten sie sich nicht vor der Geburt. Sie verkrampfen sich nicht. Und sie haben den Glaubenssatz, daß Frauen unter Schmerzen gebären sollen, nicht verinnerlicht.

„Unsere Schwangeren haben keine Angst", sagt Pilar, „und sie werden auch nicht verunsichert durch Schauermärchen. Und sie werden nicht durch die antiseptische Atmosphäre einer Klinik von einer Untersuchung zur nächsten geschickt. Das allein würde mich ängstigen, zusammen mit der Erkenntnis, einem Doktor, einem Mann, ausgeliefert zu sein, bei der fraulichsten Aufgabe, die es überhaupt gibt."

Die Phuri Dai versteht nicht, daß wir in Kliniken entbinden, so als sei eine Geburt — das Erlebnis neuen Lebens — eine Art Krankheit.

„Ich kann auch nicht begreifen, daß sich eure Mütter hinlegen müssen zur Geburt", sagt sie, „da ist man doch hilf- und haltlos. Aber für den Doktor ist es sicherlich bequemer. Er müßte nämlich sonst, wie wir Zigeuner-Hebammen, in die Knie gehen."

Die Frauen aus dem Clan der Phuri Dai entbinden in der Hockstellung.

„So haben sie die Kraft, die Wehen durch eigene Muskelarbeit zu unterstützen."

Pilar führt mich in ihren Wohnwagen, den ich zuvor noch nie betreten durfte. Denn für Gadsche gilt es als tabu, die drei Stufen ins Innere zu erklimmen.

Meine Augen müssen sich erst ans Dunkel gewöhnen. Pilar zeigt auf einen breiten Stuhl mit geschweiftem Rücken und zwei starken Armlehnen. Er ist mit einem Kissen aus geblümtem Stoff bedeckt. Die Phuri Dai zieht es beiseite.

Der Sitz ist in der Mitte ausgeschnitten: Eine mehr als kindskopfgroße, ovale Öffnung, die sich nach vorn auf den doppelten Umfang erweitert. Wie geschaffen zum Durchschlüpfen eines Babys. Das Olivenholz ist

sorgfältig poliert. Es schimmert silbern. Alle Kanten sind schön rund geschliffen.
„Unser Gebärstuhl. Setz dich mal rein", fordert Pilar mich auf.
Ich gleite in den Stuhl hinein, fühle, wie mein Rücken gestützt wird.
„Leg deine Hände auf die Armlehnen, beug dich vor. Preß das Becken nach unten. Und leg das Kinn an den Hals."
Ich gehorche.
„Ja, so müßte es leichter gehen", sage ich.
Ich weiß, wovon ich spreche: Ich habe selbst zwei Kinder ohne Narkose und ohne Kaiserschnitt in einer deutschen Universitätsklinik geboren. Nie werde ich die lauten Worte der erfahrenen Hebamme vergessen, die mir zurief: „Kopf runter, denken Sie an Ihren Hals." Nie werde ich vergessen, wie sie und ihre Assistentin sich bemühten, meinen Beinen während der Preßwehen Halt zu geben.
„Schon 29 Kinder sind mit Hilfe unseres Gebärstuhls glücklich zur Welt gekommen", Pilar streicht zärtlich über das matt schimmernde Holz, lächelt, „für uns ist es ein wunderbarer Luxus, ihn zu besitzen. Früher, als noch Pferde unseren Wagen zogen, hatten wir dafür keinen Platz. Weil das Gewicht des Stuhles zu groß war. Da haben wir für die Gebärende aus Hölzern ein Gestell gezimmert. Oder aber sie hat sich hingehockt, sich je nach Lage des Babys vorn auf die Hände oder die Ellbogen gestützt, oder die Arme hinter ihrem Rücken abgestützt. Kein Mann hat je einen Blick auf die Gebärende werfen dürfen. Wenn die Geburt im Freien stattfand, haben wir Frauen die Mutter mit unseren weiten, langen Röcken abgeschirmt."
Das Neugeborene wird, kaum ist es abgenabelt, der Mutter auf den Bauch gelegt, auf die Stelle, unter der sich das Sonnengeflecht befindet, das wichtigste Nervenzentrum des Menschen. Ein leichtes, luftdurchlässiges Baumwolltuch wird um ihre Schultern geschlungen, so daß eine Art Wiege mit Hautkontakt über den Brüsten der Mama gebildet wird.
Anschließend reicht die Zigeuner-Hebamme der Mutter einen sehr dünnen Salbeitee, den sie lauwarm in kleinen Schlucken trinkt.
„Er hilft, die Nachgeburt abzustoßen."
Erst nachdem die Placenta ausgestoßen ist, legt sich die Wöchnerin entspannt ins Bett oder, wenn es die Jahreszeit erlaubt, auf Erd- oder Waldboden.
„Habt ihr denn keine Angst vor Kindbettfieber oder Brustvereiterungen", frage ich.
„Nein", sagt Pilar, „weil wir wissen, was wir tun. Wir suchen uns den Platz, wo das Kind zur Welt kommen soll. Wir wissen, ob er gut oder schlecht ist."

Die gefürchteten tödlichen Infektionen nach Geburten kamen, so meint die Phuri Dai, erst auf, nachdem die weisen Frauen als Hexen verbrannt worden waren.
„Da sind Männer als selbsternannte Geburtshelfer angekommen, im dreckigen schwarzen Anzug und mit schmutzigen Straßenschuhen. Dann haben sie die Wöchnerinnen auch noch mit ungewaschenen Händen befingert. Wenn die armen Frauen dann starben, wurde das als Gottes Wille abgesegnet. Wenn sich eine Zigeunerin solche himmelschreienden Kunstfehler geleistet hätte, wäre sie wegen Mordes hingerichtet worden!"
Die Phuri Dai nennt mir als Beispiel das Schicksal von Ignaz Phillip Semmelweis, dem Frauenarzt, der in Wien und Budapest vor dem Kindbettfieber warnte, das durch diese unglaubliche Ignoranz übertragen wurde. Zu seinen Lebzeiten half er zwar damit generell den Opfern nicht. Mit seinen Erkenntnissen handelte er sich Spott, Feindschaft und Intrigen der offiziell inthronisierten Ärzteschaft ein. Seine Feinde geiferten so lange, bis Ignaz Phillip Semmelweis der Hetze nicht mehr gewachsen war. Er starb in geistiger Umnachtung.
Dennoch sind seine Forschungen heute anerkannte Lehrmeinung der Medizin. Ein Trost?
Pilar hebt die Schultern, zuckt mit den Mundwinkeln.
„Kleine Gadsche, was gibt dir die Sicherheit, daß sich die Arroganz der selbsternannten Herren über Leben und Tod inzwischen grundlegend geändert hat?"

Mit Schrecken fällt mir ein, was ich über Bakterien und Viren, die, resistent gegen Infektionsmittel, in Operationssälen nisten sollen, gehört habe. Zuletzt von einem guten Freund, einem Facharzt für Anästhesie, der mir anvertraute, er lasse einen relativ kleinen chirurgischen Eingriff an seinem ständig schmerzenden Knie nicht machen. Weil er nur allzugut wisse, in welcher Gefahr er sich damit begebe.
Ich frage Pilar, was sie gegen die Infektionsgefahr unternehme. Reicht der gut bestrahlte Ort, oder trifft sie außerdem Vorsichtsmaßnahmen?
„Selbstverständlich", sagt sie, „den Gebärstuhl wasche ich mit frischem Regenwasser ab, stelle ihn danach in die Morgensonne — sie darf nicht zu heiß sein — und lasse ihn trocknen. Anschließend reibe ich ihn mit dem frischen Saft ausgepreßter Aloe ein. Sorgfältig, um keine Pore zu vergessen."
Mit leiser Stimme gesteht Pilar, daß sie anschließend an die Rückenlehne des Gebärstuhls ihren Glücksstein hängt.
„Alle Frauen unseres Stammes versammeln sich, sobald wir die Anzei-

chen, daß die Geburt bevorsteht, erkennen. Wir segnen die werdende Mutter und das Kind, das auf unserer aller Mutter Erde sein Schicksal erleben möchte."
Mit ihrer Hand und ihrem Glücksstein, dem herzförmigen Rubin, stärkt Pilar der Kreißenden den Rücken, streicht ihr über Bauch und Schenkel. „Meist dauert bei uns eine Geburt nicht lange. Die Schmerzen, die bei den Preßwehen entstehen, sind nicht schwer zu ertragen. Im Gegenteil, sie lösen sich in Beglückung auf, wenn das Baby geboren ist. Allerdings lehren wir unsere Mädchen auch, die Muskeln ihrer Scheide zu trainieren, so daß sie, wie auf einer Welle, mit den natürlichen Bewegungen der Geburt mitgehen und sie unterstützen können."

Wie sich jede Schwangere auf eine glückliche Geburt vorbereiten kann, erläutert Pilar in sieben goldenen Ratschlägen.

Sieben goldene Regeln für werdende Mütter

1. Nimm das Leben, das in dir wachsen will, bewußt positiv auf. Wende ihm deine guten Gedanken zu und halte stille Zwiesprache mit ihm.
Wehre dich nicht gegen die zwangsläufig mit der Schwangerschaft verbundene Umstellung der Hormone in deinem Körper.
Falls du unter Schwangerschafts-Erbrechen leidest, trinke morgens, nüchtern und vor dem Aufstehen, in kleinen Schlucken eine Mokkatasse handwarmes Meerwasser.

2. Trinke im übrigen wenig, höchstens insgesamt 2 Tassen Flüssigkeit täglich. So bleiben Fruchtblase und Kind kleiner, was die Geburt und die letzten drei Monate der Schwangerschaft erleichtert. Keine Angst, das kleinere Baby ist oft kräftiger und widerstandsfähiger, und es holt das Wachsen schnell nach.

3. Schneide täglich eine frische, ungespritzte Zitrone auf und reibe die Brustwarzen damit ein. Massiere sie damit morgens und abends. So werden sie widerstandsfähiger gegen Infektionen, wenn der Säugling da ist.

4. Nimm täglich einen Teelöffel frischen, aus den Blättern gepreßten Brennesselsaft. Er reguliert deinen Hormonhaushalt und regt die Milchbildung an.

5. Iß, über den Tag verteilt, am besten vor den Mahlzeiten 20 Gramm Hefe. Ihr natürlicher Vitamin-B-Gehalt stärkt deine und des Kindes Nerven.

6. Reibe deinen Körper — vor allem die durch die Schwangerschaft belasteten Stellen, wie Brüste, Bauch, Hüften und Beine — mit dem Arnika-Ringelblumen-Öl (siehe Seite 164) ein. Massiere dabei vorsichtig die Haut jeweils zum Herzen hin.

7. Wenn die Beine schwellen, lege dich flach auf den Boden. Bette die Beine hoch. Mindestens 30 Minuten lang.
Entspanne dich dabei. Höre Musik, die dir Freude macht.
Zur Unterstützung trinke einen Pomeranzen-Melissen-Tee (siehe Seite 134).

Zusätzlich rät Pilar, der Vitamine wegen ungespritztes Obst zu essen. Nicht zu rauchen. Und sich nicht zu betrinken.

Sieben goldene Regeln für die Zeit nach der Geburt

1. Laß dich nicht von deinem Kind trennen nach der Geburt. Gerade das Neugeborene braucht den Hautkontakt mit seiner Mutter. Das beste Beispiel gibt uns die Natur: Jede Säugetiermutter herzt ihr Kind nach der Geburt und nimmt es unter seine Fittiche.
Halte das Neugeborene so, daß es in Kontakt mit deinem Sonnengeflecht ist.

2. Wir waschen das Neugeborene ganz behutsam mit einem Lappen, den wir in lauwarmes Wasser getaucht haben. In dem Wasser wurde zuvor ein Zweig Rosmarin oder ein Zweig Lavendel aufgekocht. Nach der behutsamen Reinigung wird das Baby von Kopf bis Fuß mit Olivenöl eingerieben.

3. Wir bestreuen den Nabel mit Heilerde. Die Heilerde fanden wir früher, in dem wir der Spur eines verletzten Wildtieres, eines Wolfs oder Fuchs, folgten. Dort, wo sich das verletzte Tier verkrochen hatte, nahmen wir uns ein Säckchen Erde mit, weil wir wußten, daß sie heilkräftig ist. Heute aber kaufen wir sie.

4. Wir bestreichen die Lippen des Neugeborenen mit einer aufgeschnittenen Knoblauchzehe und träufeln ihm drei Tropfen Rotwein in den Mund. Der Knoblauch macht das Kind stark, der Wein vermittelt ihm Kraft und Lebensfreude. Bei uns übernimmt der Großvater des Kindes die Zeremonie, er labt das Baby und singt ihm dazu leise Segenswünsche. Dies ist die erste Nahrung des Neugeborenen.

5. Wir reichen dem Baby die Brust, wann immer es Hunger hat. Sogar auf dem Marktplatz, wenn wir auch sonst nicht offenherzig herumlaufen. Es ist nicht Schamlosigkeit, wenn wir notfalls auch öffentlich unser Kind nähren, sondern das tiefe Wissen, daß dem Baby Lebensängste erspart bleiben, wenn es mit der Muttermilch das Vertrauen einsaugt. Keinesfalls darf sich das Baby ängstigen, hungrig und verlassen darben. Denn solche negativen Gefühle haben furchtbare Auswirkungen auf das spätere Leben des Kindes.
Ich kann nicht verstehen, daß Gadsche-Mütter schon ihren kleinen Babys einen unnatürlichen Rhythmus aufzwingen, sie nur nach Stundenplan nähren und nicht nach den angeborenen Bedürfnissen des Kleinen.
Bei uns ist es selten, daß eine Mutter nicht nähren kann. Wenn wir in diesem Ausnahmefall keine Amme haben, sorgen wir unbedingt für Hautkontakt. Die Flasche wird unter die Achselhöhle geklemmt, das Baby an die Brust gedrückt, so daß es Wärme, Duft und Ausstrahlung der Mutter gleichzeitig mit der Nahrung aufnehmen kann.

6. Wir wickeln unser Baby ausschließlich in Windeln aus Baumwolle. Wir vermeiden alle Kunststoffe. Ausschließlich Wolle oder Baumwolle verwenden wir bei seiner Kleidung.
Ich verstehe die Gadsche-Mütter nicht, die ihre Babys in Windeln zwängen, die aus Papier gemacht sind. Papier wird bekanntlich aus Holz hergestellt. Es ist hart, und die Fasern, seien sie auch noch so fein gemahlen und bearbeitet, können meiner Meinung nach wund machen.
Wenn wir keine Möglichkeit zum Waschen der Windeln haben, nehmen wir einen Lumpen, den wir anschließend ruhig wegwerfen können.

7. Wir baden unsere Babys nicht täglich. Wir wischen es mit Olivenöl ab, um die feine Haut zu schonen. Um Wundsein zu vermeiden, verwenden wir die Heilsalbe Sonnenbraut (siehe Seite 112).
Wir legen das Baby so viel wie möglich an die frische Luft, am besten in den Schatten eines Baums. Nackt, wenn es das Wetter erlaubt. Muß die Mutter von zu Hause fort, schlägt sie das Baby in ein Tuch und nimmt es mit sich.

Ausfluß während der Schwangerschaft

Eichenrinden-Kamillen-Abkochung

1 Handvoll Eichenrinde

½ Handvoll Kamillenblüten

Eichenrinde in einem Liter Wasser in einem Tontopf einweichen. Über Nacht stehen lassen. Am Morgen danach auf kleiner Flamme 45 Minuten kochen lassen.
Die Kamille in ein Tongefäß füllen. Die Eichenrinden-Abkochung kochend heiß darübergießen. 13 Minuten ziehen lassen. Durch ein Mulltuch abseihen.

Anwendung: Lauwarm zu Waschungen verwenden.

Babypopo, wunder

Siehe Heilsalbe Sonnenbraut, Seite 112.

Bein- und Beckenschmerzen

Pomeranzen-Melissen-Tee

1 Handvoll Pomeranzenblätter

1 Handvoll Baldrianwurzeln

1 Handvoll Pfefferminz

1 Handvoll Melissenkraut

Baldrianwurzeln kleinschneiden. Mit den übrigen Zutaten mischen. Einen Eßlöffel der Mischung auf eine Tasse nehmen.

Mischung mit sprudelnd kochendem Wasser übergießen. Zugedeckt 13 Minuten ziehen lassen.

Anwendung: 3 x täglich eine Tasse Pomeranzen-Melissen-Tee trinken. Bei Bedarf mit Honig süßen.

Dieser Tee hilft auch gegen geschwollene Beine während der Schwangerschaft.

Erbrechen

Siehe Pilars Melissengeist, Seite 138.

Förderung der Milchbildung

Pilars Ammen-Tee

1 Handvoll Anis

1 Handvoll Fenchel

1 Handvoll Majoran

1 Handvoll Thymian

1 Handvoll Bockshornklee

Einen Teelöffel der Mischung mit einer Tasse kochendem Wasser übergießen. 13 Minuten ziehen lassen. Durch ein Mulltuch abseihen.

Anwendung: Morgens nüchtern und abends vor dem Essen je eine frisch zubereitete Tasse Tee, so warm wie möglich, schluckweise trinken.
Gleichzeitig einen Teelöffel Honig einnehmen (am besten pur, nicht im Tee aufgelöst, da er nicht über 40 Grad erhitzt werden darf, um seine Wirkstoffe nicht zu verlieren).
Zusätzlich jeweils einen Teelöffel Brennesselsaft einnehmen.

Geschwollene Beine während der Schwangerschaft

Siehe Pomeranzen-Melissen-Tee, Seite 134.

Hautflecken

Siehe Knoblauch-Essigpaste, Seite 172.

Hemmung der Milchbildung

Pilars Orangen-Tee

1 Handvoll Baldrianwurzeln
1 Handvoll Orangenblätter
1 Handvoll Salbeiblätter
½ Handvoll Orangenblüten
½ Handvoll Taubnesselblüten

Vier Eßlöffel der Mischung mit einem Liter kaltem Wasser übergießen, unter häufigem Umrühren 13 Stunden stehen lassen. In einem Ton- oder Emailtopf auf kleiner Flamme aufkochen. Vom Feuer nehmen und 20 Minuten ziehen lassen.

Anwendung: Abends 2 bis 3 Tassen warm trinken. Gleichzeitig einen Eßlöffel Honig und einen Teelöffel Brennesselsaft einnehmen, da sie die Wirkung des Tees verstärken.

Krampfadern

Siehe Beinwell-Zypressen-Salbe, Seite 61.

Schorf und Schrunden an den Brustwarzen

Mit Heilsalbe Sonnenbraut (Rezept siehe Seite 112) einreiben.
Pilar: „Man darf die Brüste auf keinen Fall einengen."

Schwangerschaftsnarben

Siehe Blütenöl, Seite 99.

Schwindel

Siehe Pilars Melissengeist, Seite 138.

Sodbrennen

Siehe Magenwohl-Tee, Seite 77.

Speichelfluß

Siehe Salbei-Myrten-Tinktur, Seite 169.

Übelkeit

Pilars Melissengeist

1 Handvoll blühende Melisse

1 Zitrone

10 Gewürznelkenköpfchen

1 Eßlöffel Orangenblüten

½ Teelöffel Muskatblüte

¾ Liter reiner Alkohol

¼ Liter destilliertes Wasser

Zitronenschale mit einer Reibe abreiben. Zutaten in ein Glas mit Schraubverschluß füllen, mischen und mit dem Alkohol und Wasser übergießen.
13 Tage in der Sonne stehen lassen. 3 x täglich gut durchschütteln.
Durch ein Mulltuch abseihen und in dunkle Flaschen füllen.

Anwendung: Bei Bedarf einen Teelöffel einnehmen. Außerdem den Heil-aller-Schäden-Trank (siehe Seite 31) trinken.

Der Melissengeist hilft auch gegen Schwindelanfälle und Erbrechen, außerdem zur Vermeidung der „Reisekrankheit".

Verdauungsstörungen

Siehe Gitano-Bitter, Seite 32.

Vermeidung von Schwangerschaftsnarben

Efeu-Arnika-Kompressen

1 Handvoll frischer Efeublätter

3 Tropfen Arnika-Total-Tinktur (siehe Seite 120)

Efeublätter in wenig Wasser in einem Ton- oder Emailtopf weich kochen. Vom Feuer nehmen, abkühlen lassen und zerquetschen.
In den Brei 3 Tropfen Arnika-Total-Tinktur mischen.

Anwendung: Zur Vorbeugung als Kompresse auf die gefährdeten Stellen an Hüften und Bauch auftragen. 20 Minuten einwirken lassen.
Abwaschen und mit „Heilsalbe Sonnenbraut“ (siehe Seite 112) nachbehandeln.

Siehe auch Arnika-Ringelblumen-Öl, Seite 164.

Zahnen, Schmerzen beim

Siehe Safran-Öl, Seite 156.

Zahnschmerz, nervöser

Siehe Safran-Öl, Seite 156.

Nervenkrankheiten, seelische Belastungen, Schlafstörungen

„Pilar“, bitte ich, „Zeit und Stunde scheinen mir günstig. Sprichst du mir heute abend von der Angst? Was du über sie weißt? Und wie du ihr begegnest?“

Von Westen ziehen schwarz-gelbe Gewitterwolken auf. Noch flirrt die Luft im Zigeunerlager vor Staub. Stickig nimmt sie uns den Atem. Die Vögel schweigen. 34 Grad im Schatten. Geschäftig laufen die Frauen, die Wäsche von der Leine zu holen: weitschwingende Röcke, aus bunten Fetzen kunstvoll zusammengesetzt, Blusen mit Puffärmeln, Patchwork-Kissen, Bluejeans und karierte Hemden.

Die Männer rollen die Sonnendächer zusammen, die sie vor ihren Wohnwagen aufgespannt hatten.

Die Kinder trippeln aufgeregt. Rodrigo, mein kleiner Freund, pinkelt am Rand des Lagers einen Regenbogenstrahl und winkt mit vertraulich zu, als er bemerkt, daß ich ihn gesehen habe.

„Angst vorm Blitz? Angst vorm Fliegen?“ Pilar lächelt verständnisvoll, „Angst vor der Angst?“

„Sag mir alles über die Angst. Du weißt, Journalisten sind von Natur aus neugierig.“

„Eine Eigenschaft, die euch uns Zigeunern ähnlich macht! Auch ihr reist um die Welt, um ständig etwas Neues zu erfahren.“

„Wie höflich du bist, Pilar.“

„Ich mag dich eben.“

Als der erste Blitz die gespannte Atmosphäre zerreißt, und der Donner grollt, zieht mich die Weise über die drei Stufen in ihren Wohnwagen. Eine besondere Ehre! Denn ich weiß, daß Gadsche ihn nicht betreten dürfen. Nur einmal, als Pilar mir den Gebärstuhl zeigte, durfte ich die Schwelle überschreiten. Seither sind längst vier Wochen vergangen. Ein Mond, wie Pilar die Zeit rechnet.

„Setz dich“, die Phuri Dai deutet auf ein dickes, mit weiß-braunem Schaffell bezogenes Kissen.
Sie selbst nimmt auf dem Gebärstuhl Platz, legt die Arme entspannt auf die starken Lehnen. Ein „Thron“, zu dessen Füßen ich lausche.
„Du fragst nach der Angst“, sie lehnt sich ein wenig mehr zurück, „ein schwieriges Thema.“
„Warum, Pilar? Wir haben schon über so vieles gesprochen, was mir schwieriger schien.“
„Ja und nein. Die Angst ist so allgegenwärtig, so unfaßbar, so uferlos. Sie folgt uns Menschen auf leisen Sohlen wie ein böser Geist. Wer von sich ernsthaft behauptet, er kenne sie nicht, ist ein Lügner. Oder ein Monstrum!“
Mir fällt das Märchen ein, von dem, der auszog, das Gruseln zu lernen.
„Angst gehört zum Leben. Aber ihr Gadsches schämt euch, wenn ihr Angst habt, als sei es eine Sünde.“
In einer Gesellschaft, in der Erfolg erwartet wird, fällt es verständlicherweise schwer zuzugeben, daß man fürchtet, zu versagen.
„Die furchtbare Brut der Angst sind Depressionen, Schlafstörungen, Hoffnungslosigkeit. Man entkommt ihr nicht, wenn man sich ihr nicht stellt.“
Für einen gefährlichen Trugschluß hält es die Phuri Dai, wenn man durch Einnahme von Psychopharmaka seine Ängste verdrängt.
„Dadurch kommt man immer tiefer in den Teufelskreis, statt ihm zu entrinnen.“
Wie bei allen anderen Krankheiten, rät die weise Zigeuner-Heilerin, nicht die Symptome allein zu behandeln, sondern das Grundleiden an der Wurzel zu packen.
„Sprich aus, was dir auf der Seele liegt. Du wirst sehen, es befreit dich. Und du wirst Gleichgesinnte finden. Angst ist nichts, wofür man sich schämen müßte! Ist es nicht völlig normal, Angst zu haben vor der drohenden Zerstörung unserer Mutter Erde?“
Pilar versichert mir, daß sie Angst vor den Menschen habe, die sich nicht davor fürchten. Sie hält aber nicht nur die Ängste, die unser aller Zukunft betreffen, für legitim. Sondern auch die ganz persönlichen Probleme, die so viele Menschen schmerzlich verfolgen.
„Man sollte offen darüber sprechen.“
„Mit wem, Pilar?“
„Mit allen, denen du Vertrauen schenken kannst.“
Begibt man sich damit nicht in Gefahr, als Jammerlappen dazustehen? Als Langweiler und Egoist, der anderen seine Zeit mit seinen Sorgen stiehlt?

„Nein. Wer wirklich dein Freund ist, wird dich verstehen. Unter Umständen wird er dir sogar dankbar sein, weil er dann auch den Mut faßt, von seinen Ängsten zu sprechen. So werdet ihr beide stärker."

Der kleine Rodrigo unterbricht unser Gespräch. Er bringt ein Tablett mit zwei Gläsern für uns: Sangria, eine Mischung von frisch gepreßtem Orangensaft und Rotwein.
Pilar prostet mir zu.
„Wie alles im Leben, mußt du auch die Angst positiv betrachten. Sie ist nicht nur unser Feind. Sie kann auch unser Freund sein."
Was sie meint, erläutert die Weise am Beispiel unserer Brüder, der Tiere.
„Angst macht sie aufmerksam und vorsichtig. Je nach Veranlagung retten sie sich durch Flucht, oder sie stellen sich dem Kampf."
Für uns Menschen gelte das Gebot, standzuhalten.
„Der erste Schritt zur Heilung ist, zu sich selber ‚ja' zu sagen. Man muß sich selber annehmen, mit allen guten und schlechten Seiten."
So könnten Depressionen, Schlafstörungen, Alpträume und nervöse Erkrankungen als positives Signal verstanden werden. Als Zeichen, daß man sein Leben neu ordnen sollte.
„Das muß gar nicht äußerlich sein. Sondern es kommt auf das Innere an. Jeder Gedanke hat eine seelische und auch körperliche Gestaltungskraft. Zwing dich dazu, positiv zu denken. Such dir bei allem, was dir widerfährt, die gute Seite heraus! Dann polst du die Angst zu einer wunderbaren Lebenskraft für dich um!"
Allerdings dürfe niemand erwarten, daß dieser Weg sehr leicht sei. Er gleiche einer Bergwanderung. Aber wer aushalte, erklimme den Gipfel, von dem aus sich eine neue, wunderbare Welt vor ihm ausbreite. Als hilfreichen Begleiter auf dem Wege empfiehlt Pilar den Glücksstein, mit dem man viel Zwiesprache halten solle.
„Wiederhol dir dreizehnmal, abends, ehe du einschläfst, und morgens, ehe du aufstehst, daß du es schaffen wirst, glücklich, fröhlich, heiter zu sein."
Die Dreizehn sei, verrät mir Pilar, für die Zigeuner eine verläßliche Glückszahl.
„Vermeide bewußt alle negativen Gedanken über dich und über andere."
Um diese Forderung zu erfüllen, solle man auf ein Blatt Papier schreiben, was man selbst als negativ empfinde und was man ablegen wolle.
„Anschließend verbrenne den Zettel, lege dich hin. Schließe die Augen, höre klassische oder auch moderne beruhigende Musik."
Als Stütze auf dem Weg zu Gesundheit und neuem Glück rät Pilar zu ihren erprobten, nun folgenden Rezepten.

Angst

Siehe Pilars Seelenlabsal-Tinktur, Seite 148.

Depressionen

Siehe Pilars Seelenlabsal-Tinktur, Seite 148.

Gehirnerschütterung

Zur Linderung von Kopfschmerzen nach einer Gehirnerschütterung siehe Pilars Seelenlabsal-Tinktur, Seite 148.

Gliederschmerzen

Siehe Schmerz-Bann-Heiltrunk, Seite 144.

Gürtelrose

1 Handvoll Bockshornklee

1 Handvoll Hafer

1 Handvoll Wacholder

1 Handvoll Melissen

Die Zutaten mischen und einen Eßlöffel der Mischung für eine Tasse Tee verwenden. Mit sprudelnd kochendem Wasser übergießen, 13 Minuten ziehen lassen.

Anwendung: 3 x täglich eine Tasse möglichst heiß trinken.

Pilar: „Ich heile Gürtelrose durch Besprechen der Krankheit. Ich banne sie durch meine innere Kraft, die ich dem Leiden entgegensetze. Meine Hände lasse ich dabei dicht über die entzündeten Stellen gleiten, ohne sie zu berühren.
Hör dich in deinem Bekanntenkreis um, nach Heilern oder weisen Frauen, die sich auf die Kunst des Besprechens verstehen. Versuche auf jeden Fall, dir selbst zu suggerieren, daß die Entzündung abheilt."
Auf jeden Fall die beiden Lebenselixiere Gitano Bitter (siehe Seite 32) und Heil-aller-Schäden-Trank (siehe Seite 31) einnehmen.

Kopfschmerzen

Schmerz-Bann-Heiltrunk

Weidenrinde

Johanniskraut

Die Weidenrinde im Mörser zu Pulver zerreiben, das Johanniskraut kleinschneiden. 2 Teelöffel des Weidenrindenpulvers mit ¼ Teelöffel Johanniskraut vermischen. Diese Mengenangaben gelten jeweils für eine Tasse Tee; 3 bis 4 Tassen können jeweils für den Tagesbedarf im voraus zubereitet und vor Gebrauch wieder leicht angewärmt werden.
Die Mischung in einem Ton- oder Emailtopf mit Wasser aufsetzen und 13 Minuten köcheln lassen. Abkühlen lassen und durch ein Mulltuch abseihen.

Anwendung: Täglich 3 bis 4 Tassen schluckweise trinken. Nach Wunsch mit Honig süßen.

Auch bei Migräne, Gliederschmerzen, Grippe, Fieber und Wundschmerzen kann der Schmerz-Bann-Heiltrunk angewendet werden.

Siehe auch Pilars Baldrianwein, Seite 145, und Arnika-Total-Tinktur, Seite 120.

Melancholie

Siehe Pilars Seelenlabsal-Tinktur, Seite 148.

Migräne

Siehe Schmerz-Bann-Heiltrunk, Seite 144.

Nervenbedingte Erkrankungen

Pilars Baldrianwein

2 Handvoll Baldrianwurzeln

1 Gewürznelke

Schale einer Orange aus biologischem Anbau

1 Zweig Rosmarin

1 Liter herber Weißwein

Die Baldrianwurzeln kleinschneiden und in ein großes helles Glas füllen. Die Gewürznelke hinzugeben, ebenso die abgeriebene Orangenschale und den Rosmarinzweig. Den Weißwein darübergießen.
Das Glas gut verschließen und einen Mond lang ziehen lassen. Danach durch ein Mulltuch abseihen. In eine Flasche füllen und gut verschlossen aufbewahren.

Anwendung: 3 x täglich ein Likörglas trinken. Dieser Baldrianwein ist zu empfehlen bei: nervösen Herzschmerzen, Schwindelanfällen, nervösen Kopfschmerzen, Wechseljahrbeschwerden, Magen- und Darmkrämpfen, Koliken, Gallenstörungen, er dient der Nervenstärkung und ist kreislaufanregend.

Pilars Nerventee

1 Handvoll kleingeschnittene Baldrianwurzeln

1 Handvoll Pfefferminzblätter

1 Handvoll Pomeranzenblätter

1 Handvoll Melissenblätter

Die Zutaten mischen. Von der Mischung für eine Tasse Tee einen Teelöffel nehmen, mit kochendem Wasser übergießen, 13 Minuten zugedeckt ziehen lassen.

Anwendung: 3 x täglich eine Tasse trinken.

Pilars Nerventee ist zu empfehlen bei: nervösen Herzschmerzen, Schwindelanfällen, nervösen Kopfschmerzen, Wechseljahrbeschwerden, Magen- und Darmkrämpfen, Koliken, Gallenstörungen, er dient der Nervenstärkung und ist kreislaufanregend.

Schlafstörungen

Pilars Sieben-Kräuter-Schlaftee

2 Eßlöffel Johanniskraut

2 Eßlöffel Pomeranzenblätter

2 Eßlöffel Melissenblätter

1 Eßlöffel zerkleinerte Baldrianwurzeln

1 Teelöffel Orangenblüten

1 Teelöffel Passionsblumenblüten

1 Eßlöffel Hornklee- oder Honigkleeblüten

Einen Eßlöffel der Mischung für eine Tasse Tee nehmen. Mit sprudelnd kochendem Wasser übergießen und 13 Minuten ziehen lassen.

Anwendung: Eine Tasse jeden Abend vor dem Schlafengehen trinken.

Pilars Neun-Kräuter-Duft-Schlafkissen

1 Handvoll Johanniskrautblüten und -blätter
1 Handvoll Baldrianblüten
1 Handvoll Melissenblätter
1 Handvoll Römische Kamille
2 Handvoll Hornklee
½ Handvoll Orangenblüten
1 Handvoll Rosenblüten
1 Handvoll Lavendelblüten
fein geriebene Schale von 3 Orangen, die nicht chemisch behandelt sein dürfen

Die Kräuter mischen und in ein Kissen aus reiner Baumwolle füllen.

Anwendung: Je nach Wunsch das Neun-Kräuter-Duft-Kissen unter das eigene Kopfkissen legen oder darauf. Die eigene Körperwärme bringt nach kurzer Zeit die ätherischen Düfte der Kräuter zu voller Entfaltung. Das Kissen sollte alle 2 bis 3 Monate erneuert werden.

Dieses Kissen beruhigt die Nerven, hilft beim Einschlafen und fördert den tiefen, erholsamen Schlaf.

Trost- und Schlafkissen für Kinder und Kranke

1 Handvoll kleingeschnittener Baldrianwurzeln
1 Handvoll echter Kamille
1 Handvoll Salbei
1 Handvoll Rosmarin
1 Handvoll kleingeschnittenes Farnkraut
1 Handvoll Zitronenmelisse
13 Arnikablüten und
13 Mistelbeeren

Die Zutaten mischen und in ein Leinentuch einnähen.

Anwendung: Unter das Kopfkissen legen. Das Kräuterkissen hilft Babys bei Krämpfen und beim Zahnen. Es lindert Schmerzen, hilft beim Entspannen und beim Einschlafen. Es sollte nach zwei Monaten erneuert werden.

Siehe auch Pilars Seelenlabsal-Tinktur, Seite 148.

Schwindelanfälle

Siehe Pilars Baldrianwein, Seite 145.

Seelisch bedingte Beschwerden und Krankheiten

Seelenlabsal-Tinktur

Johanniskraut, Blüten und Blätter

45%iger Alkohol

Zwischen Sonnenwende und Johanni (21.—24. Juni) während der Morgenröte die oberen Triebspitzen des Johanniskrauts sammeln. Blüten und Blätter abzupfen, in ein dunkles Glas mit Schraubverschluß füllen und mit 45%igem Alkohol bedecken. Einen Mond lang im Dunkeln stehen lassen. Alle drei Tage das Glas durchschütteln. Nach einem Mond durch ein Mulltuch abseihen und in dunkle Tropfflaschen füllen. Gut verschließen.

Anwendung: Nach einem schweren Unfallschock ein halbes Likörglas von der Seelenlabsal-Tinktur trinken.
Sonstige Anwendung: 3 x täglich 20 Tropfen einnehmen.

Pilar: „Das Johanniskraut durchströmt den Körper und sensibilisiert ihn für kosmische Einstrahlungen. Deshalb darf, wer es eingenommen hat, sich nicht intensivem Sonnenlicht aussetzen. Es könnte zu weißen Flecken auf der Haut führen."

Pilars Seelenlabsal-Tinktur hilft bei Angst, Seelenschmerz, Melancholie, Depressionen, Unfallschock, Schlafstörungen, Kopfschmerzen nach einer Gehirnerschütterung, beruhigt die Nerven und nervöses Herzklopfen.

Unfallschock

Siehe Pilars Seelenlabsal-Tinktur, Seite 148.

Andere Beschwerden

Pilar hat mir noch viele weitere Rezepte anvertraut. Einige davon, die mir besonders wertvoll erscheinen, möchte ich hier noch anführen.
Die Krankheiten und Beschwerden, auf die sie sich beziehen, lassen sich nur schwer in das hier vorgegebene Schema einfügen, deshalb habe ich sie unter dem Sammelbegriff „Andere Beschwerden“ zusammengefaßt.

Augenentzündung

Augentrost-Lösung

1 Tasse Ringelblumenblüten

1 Tasse Augentrostkraut

Mit einem Liter sprudelnd kochendem Wasser übergießen. 15 Minuten ziehen lassen. Abseihen.

Anwendung: Lauwarm äußerlich für Waschungen verwenden.

Gerstenkörner

Hauswurzblätter

Einige Hauswurzblätter

Auf die geschlossenen Lider frische, ein wenig mit der Hand zerdrückte Blätter des Echten Hauswurz legen. Eine Stunde einwirken lassen.

Veilchenblatt-Kompressen

1 Handvoll Veilchenblätter

Die Blätter mit einem Liter kochendem Wasser überbrühen. 15 Minuten zugedeckt ziehen lassen. Abseihen und abkühlen lassen.

Anwendung: Kompressen aus Watte oder Mull mit dem Sud tränken und auf die entzündeten Augenlider legen.

Geschwollene Füße

Wurmfarn-Rosmarin-Essig

2 Handvoll Wurmfarnwurzeln

1 Liter Apfelessig

2 Handvoll Rosmarin

Die Wurzeln des Wurmfarns reinigen, kleinschneiden und in einen Tontopf schichten. Den Apfelessig darübergießen, aufkochen und erkalten lassen. Über Nacht stehen lassen.
Tags darauf die Abkochung noch einmal aufkochen, erkalten lassen und wiederum über Nacht zugedeckt stehen lassen.
Am dritten Tag den Rosmarin hinzufügen und die Mischung nochmals aufkochen. Danach den Wurmfarn-Rosmarin-Essig in ein Glasgefäß füllen. 13 Tage ziehen lassen. Tagsüber in die Sonne stellen und mehrmals gut durchschütteln.
Danach abseihen und in einer gut verschließbaren Flasche aufbewahren.

Anwendung: Mit dem Wurmfarn-Rosmarin-Essig Kompressen tränken, die um die geschwollenen Füße und Beine gewickelt werden. Die Kompressen zusätzlich mit einem Wolltuch bedecken, und die Füße auf einem Kissen hochlagern.

Auch bei müden Beinen helfen diese Kompressen.
Achtung: Wurmfarn ist giftig, er darf nur äußerlich angewendet werden.

Kater nach zuviel Alkoholgenuß

Eichel-Tee

Getrocknete Eicheln

Die Eicheln im Mörser pulverisieren und eine Prise des Pulvers mit einer Tasse kochendem Wasser übergießen. Abkühlen lassen, bis das Getränk lauwarm ist.

Anwendung: 2 x täglich nach den Mahlzeiten eine Tasse des Tees schluckweise trinken.

Knochenbrüche, Verletzungen der Knochenhaut

Siehe Beinwell-Rosmarin-Balsam, Seite 155, und Pilars Würzsud, Seite 153.

Kopfläuse

Arnika-Total-Tinktur

Rezept siehe Seite 120.

Anwendung: Einen Eßlöffel Arnika-Total-Tinktur auf einen halben Liter lauwarmes Wasser nehmen und den Kopf gründlich mit der Mischung einreiben. Tuch darum wickeln und 13 Minuten einwirken lassen. Dann Kopf erneut mit der Mischung einreiben. Wieder 13 Minuten warten.
Anschließend Haare mit mildem Shampoo gründlich auswaschen.
Notfalls Behandlung wiederholen.

Dem Kind keinen Ekel gegen die Parasiten einreden, sondern ihm sagen, es solle die lästigen Tiere von sich weg wünschen.

Bei sehr hellhäutigen, blonden, zu Allergie neigenden Kindern nur die Hälfte der Arnika-Total-Tinktur nehmen.
In hartnäckigen Fällen den Kopf zunächst mit Petroleum und Olivenöl (zu gleichen Teilen gemischt) einreiben, einwirken lassen und danach mit einem milden Shampoo auswaschen. Mit der Arnika-Total-Tinktur nachbehandeln.

Knochenaufbau bei Kindern und Kranken

Pilars Würzsud

1 kg Kalbsknochen
1 Suppenhuhn
7 Schweinepfoten
3 Zwiebeln
1 Handvoll Zigeunerkraut (Bärlauch)
2 Petersilienwurzeln
3 Loorbeerblätter
1 Zweig Rosmarin
1 Handvoll Petersilie
1 Zweig Thymian
7 Wacholderbeeren
2 Gewürznelken
3 Schalen von Krebsen
1 Schuß Essig
1 Teelöffel Meersalz

Die Zutaten (mit Ausnahme der letzten drei) mit Wasser bedecken und in einem Tontopf auf offenem Feuer 9 Stunden köcheln lassen. Eventuell während dieser Zeit Wasser nachgießen.
Den Sud erkalten lassen und das Fett der Schweinepfoten abschöpfen. Wieder aufwärmen und durch ein Mulltuch abseihen.
Die Krebsschalen im Mörser pulverisieren und mit einem guten Schuß

Essig und einem Teelöffel Meersalz dem Sud beifügen. Umrühren. In gut verschließbare Tontöpfe oder Gläser füllen.

Anwendung: Täglich 2 Eßlöffel davon einnehmen.

Dieser Sud fördert die Heilung der Knochen nach Unfällen und Brüchen. Er lindert auch Rückenschmerzen.

Mundschleimhautentzündung

Tormentill-Gurgelwasser

Tormentillwurzeln

Im Frühling ernten die Heilerinnen der Zigeuner die Tormentillwurzeln (sie werden auch Blutwurz genannt), die in ihrer Apotheke niemals ausgehen dürfen.
Die Wurzeln im Mörser zu Pulver zerreiben; jeden Kontakt mit Metall vermeiden. Einen Teelöffel des Pulvers mit einer Tasse kochendem Wasser übergießen. Zugedeckt 3 Minuten ziehen lassen. Durch ein Mulltuch abseihen.

Anwendung: Lauwarm zum Gurgeln verwenden.

Auch bei Zahnfleischbluten und Bläschen auf den Mundschleimhäuten eignet sich dieses Gurgelwasser.

Nasenbluten

Tormentill-Eichen-Sud

Tormentillwurzeln

Eichenrinde

Ein Daumenbreit der in der Sonne schnell getrockneten Tormentillwurzeln im Holzmörser zerstoßen (Kontakt mit Metall vermeiden!) und mit

ebenfalls zerstoßener Eichenrinde vermengen. Das Verhältnis Eichenrinde:Tormentillwurzel sollte 40:60 betragen.
Eine Handvoll der Mischung in zwei Tassen Wasser 15 Minuten kochen lassen. Abkühlen lassen und durch ein Mulltuch abseihen.

Anwendung: Den handwarm abgekühlten Sud vorsichtig jeweils in ein Nasenloch träufeln. Der Patient muß ruhig liegen und den Kopf nach unten lagern.

Verstauchungen

Beinwell-Rosmarin-Balsam

2 Handvoll Beinwellwurzeln

1 Handvoll Rosmarin

¾ Liter Olivenöl

1 Handvoll Bienenwachs

In der Nacht des ersten Neumonds nach der Sommersonnenwende werden die Wurzeln des Gemeinen Beinwell ausgegraben. Selbstverständlich läßt der Heilkundige stets die kräftigste Wurzel stehen oder senkt sie in die Erde zurück, nachdem die Ernte abgeschlossen ist.
Die Beinwellwurzeln werden gewaschen und sehr klein geschnitten. Die Wurzeln mit Rosmarin und Olivenöl mischen und im Wasserbad kalt aufsetzen. Eine halbe Stunde unter kräftigem Rühren erhitzen. Nicht kochen lassen (wird durch das Wasserbad ermöglicht).
Man kann auch einen Simmertopf verwenden. 13 Minuten kurz unter dem Siedepunkt simmern lassen. Auf Körperwärme erkalten lassen, durch ein Mulltuch seihen, wie Quittengelee ausdrücken, weil die Schleimstoffe des Beinwell in den Balsam hineingehören. Eine Nacht stehen lassen. Danach das Bienenwachs im Wasserbad oder Simmertopf schmelzen, umrühren und tropfenweise die Beinwell-Rosmarin-Olivenöl-Mischung hineinrühren. Abkühlen lassen, um zu überprüfen, ob die Konsistenz fest genug ist. Falls erforderlich, mehr Bienenwachs flüssig machen und hinzufügen.

Anwendung: Den Balsam auf die betroffenen Stellen auftragen.

Er hilft bei Verstauchungen, zur Heilung von Wunden, Knochenbrüchen, Verletzungen der Knochenhaut und des Knochengewebes, bei Sehnenscheidenentzündungen, Tennisarm, Bänder- und Sehnenüberdehnung, Nagelbettentzündungen, Narbenschmerzen, Frostbeulen, Brandwunden, Amputationsschmerzen, Fußpilz, Gicht.

Der Beinwell ist eine uralte Heilpflanze, die schon im Altertum verwendet wurde. Er wurde auch Beinwurz, Schwarzwurz und Wallwurz geheißen. Unser altdeutsches Wort wallen bedeutet soviel wie zusammenfügen.
Die Zigeuner haben die Erfahrung gemacht, daß sich die außerordentlich vielfältige und starke Heilkraft des Gemeinen Beinwell durch die Kombination mit der Heilkraft des Rosmarin verstärkt. Auf ihren weiten Reisen war es außerdem vorteilhaft, daß sich der Balsam, in saubere Töpfchen abgefüllt und dunkel aufbewahrt, zwölf Monate lang hielt, bis zur nächsten möglichen Ernte.
Auch für die Behandlung kranker Tiere führten (und führen) die Zigeuner ständig Beinwell-Rosmarin-Balsam mit sich.
Der international übliche, über alle Sprachen hinwegreichende Name des Gemeinen Beinwell lautet übrigens „Symphytum officinale“. Abgeleitet vom altgriechischen symphyein, was zusammenwachsen bedeutet. Wen wundert's, daß nach soviel tausendjähriger anerkannter Fähigkeiten der Beinwell auch heute noch geradezu eine Symphonie von guten Kräften entfalten und spenden kann?

Wetterfühligkeit

Siehe Melissenwein, Seite 127.

Zahnfleisch, geschwollenes

Safran-Öl

3 Safrannarben

3 Tropfen Olivenöl

Die Safrannarben in einem Mörser mit dem Olivenöl zerreiben.

Anwendung: Mit dem Zeigefinger vorsichtig auf die betroffenen Stellen auftragen.
Dieses Öl lindert auch die Schmerzen des Säuglings beim Zahnen und nervösen Zahnschmerzen während der Schwangerschaft.

Zahnfleischbluten

Siehe Tormentill-Gurgelwasser, Seite 154.

Liebeszauber und Sinnenfreude

„Ehe ich dir die Rezepte gebe“, sagt sie, „möchte ich, daß du verstehst, daß Erotik ebensowenig vom Regal im Supermarkt käuflich ist wie Gesundheit.
Eigentlich wird mir schon ganz übel, weil ich das Gefühl habe, ich müsse immerzu Selbstverständlichkeiten herunterbeten, damit man mich um Himmels willen nicht mißversteht. Ich will nicht den Eindruck erwecken, daß ‚schwuppdiwupp‘ ein Greis zum feurigen Liebhaber wird, wenn er ein Glas meines Aphrodisiakums hinunterstürzt. Unter günstigen Umständen kann er es werden, aber dazu gehört die Stimmung, die Zuwendung der Partnerin zu ihm, das Seelische; Geruch, Vertrauen, sanftes Licht, Musik, kurz alle guten Geister, die die Phantasie beflügeln.
Wir Zigeuner wissen, daß die Kraft der Liebe dem Quell des Lebens am nächsten steht. Wir haben zum Glück nicht das verklemmte Verhältnis zur Sexualität, das ihr Gadsche wie eine Bürde mit euch herumschleppt. Warum soll das, was Freude macht und Leben spendet, verdammenswürdig sein? Vorausgesetzt, Mann und Frau fühlen sich zueinander hingezogen!
Ich bin sicher, daß gerade die Liebe uns Menschen jung erhält, elastisch, fröhlich und gesund. Daß sie uns immer und immer wieder dem Quell des Lebens nahebringt.
Aber man muß auch ihr mit Ehrfurcht begegnen. Nicht mit Schuldgefühlen und dem Gedanken an Schmutz, sondern mit der Freude am Spiel.
Und dieser Götterfunke ist, glaube es mir, nicht vom Alter abhängig, sondern von der Ausstrahlung, der positiven Lebenseinstellung, von der ich dir schon erzählt habe.
Wir Zigeuner waren den guten Kräften auf unserer Mutter Erde immer verbunden. Zwei Pflanzen, die stark erotisch wirken, haben wir aus dem Morgenland mit nach Europa gebracht, wo sie heimisch wurden.

Zuerst will ich dir vom Liebstöckel erzählen, der im Volksmund auch Luststecken, Liebstengel oder Neunstengel heißt. Blüten, Blätter, Stengel und Wurzeln können verwendet werden.
Frisch kannst du sie zum Würzen von Speisen und Salat verwenden. Sie werden ihre Kräfte entfalten.
Aber du kannst Liebstöckel auch trocknen und im Mörser zu Pulver verreiben. Einschließlich der Wurzeln.

Das zweite Aphrodisiakum, das wir euch mitgebracht haben, ist der Stechapfel. Betrachte einmal seine Pollen, wenn er in Blüte steht. Dann wirst du sehen, daß er an einen wundervollen Phallus erinnert.
Der Samen, zu Pulver gemahlen, macht liebesbereit und heiter. Aber die Dosierung ist sehr schwierig und muß genau auf den Menschen abgestimmt sein. Ich kann hier unmöglich ungefähre Angaben machen, ohne einen Frevel zu begehen."
Tatsächlich wurde im 17. Jahrhundert, zur Zeit der Hexenverfolgungen, der Stechapfel auf die Liste der teuflischen, verdammenswerten Drogen gesetzt.
„Mit den Weibsbildern kann gleichfalls vermittels dieses Mittels mancher seines Gefallens pflegen und viel, ja gleichsam alles von ihnen zu Wege bringen", tadelt ein Bericht aus dieser Zeit, „daher ich nicht glaube, daß ein schädlicheres Kraut auf Erden zu finden sei, durch welches man so viel böse Sachen wiewohl natürlicher Weise stiften könnte."
Pilar: „Die Samen sind gefährlich, weil sie den Willen lähmen können. Ich benutze nur eine Salbe, die niemals innerlich genommen werden darf, aber durch die Haut ‚zum Fliegen' anregt."

Aphrodisiaka

Pilars Liebestee

1 Handvoll Liebstöckel (Blüten, Blätter, Stengel und Wurzeln)

Den Liebstöckel im Mörser zu Pulver verreiben. Einen Eßlöffel des Pulvers auf eine Tasse sprudelnd kochendes Wasser nehmen. Den Tee 13 Minuten ziehen lassen.

Anwendung: Mann und Frau sollen den Tee langsam und schluckweise trinken.

Pilars Liebessalbe

1 Teelöffel Stechapfelsamen

1 Handvoll Schweineschmalz

Die Stechapfelsamen im Mörser zu Pulver zermahlen. Einen Teelöffel des Pulvers mit dem Schweineschmalz vermischen.

Anwendung: Die Salbe auf alle erotischen Stellen von Frau und Mann dünn auftragen und verreiben. Auch in Achselhöhlen, Kniekehlen, dem Bauchnabel, kurz an allen Stellen, die jeder ganz individuell als erotisch besonders reizvoll empfindet.
Apotheker Helmut Wenning empfiehlt, statt Schweineschmalz eine heutzutage in jeder Apotheke erhältliche neutrale Salbengrundlage zu verwenden.
Achtung: Nur äußerlich zu verwenden, denn der Stechapfel ist giftig.

Pilars Liebestrank

2 Teelöffel Potenzholz (Muira puama)

1 Teelöffel Damianae-Wurzel

½ Teelöffel Yohimbe-Rinde

1 Handvoll Weizenkeime

½ Handvoll Liebstöckel

1 Liter Rotwein

Potenzholz, Damianae-Wurzel und Yohimbe-Rinde zerkleinern und mit den restlichen Zutaten in einem Liter Rotwein ansetzen.
Einen halben Mond lang in der Sonne ziehen lassen, anschließend einen halben Mond lang im Dunkeln.
Durch ein Mulltuch abseihen.

Anwendung: Beide Partner sollten gemeinsam ein halbes Weinglas davon trinken.

Schönheit und Körperpflege

„Du willst etwas über die Schönheit von mir wissen?" Pilar strahlt mich an, hebt abwehrend die Rechte, „ich bin eine alte Frau."
„Aber du bist schön, Pilar, vital, gesund, fröhlich, klug, voller Ausstrahlung und Zauber."
„Gut gesagt, kleine Gadsche", Pilar klopft mir freundlich auf die Schulter, „du hast dir die Antwort schon selbst gegeben. Du kannst in jedem Alter schön sein. Und das Geheimnis, was dahintersteckt? Du mußt mit dir selbst im reinen sein!"

Sieben goldene Regeln, um jung und fit zu bleiben, für Schönheit und Körperpflege

1. Sei dir bewußt, daß deine Persönlichkeit und dein Aussehen eineiige Zwillinge sind. Noch nicht, wenn du ganz jung bist. Tatsächlich aber ist der Mensch ab einem gewissen Alter für sein Gesicht verantwortlich.
Es ist sinnlos, sich maskenhaft anzumalen. Merke: Gesicht und Augen sind der Spiegel deiner Seele.
Vermeide böse Gedanken: Mißgunst, Eifersucht, Ärger und zuviel Sorgen.
Gönne dir kleine Freuden. Sei großzügig. Such dir Freunde, die ebenso positiv denken wie du. Lache mit ihnen!

2. Ernähre dich richtig. Sicher darfst du einmal, zum Festtag, Kuchen und Süßigkeiten essen. Im allgemeinen aber meide sie. Iß kein Schweinefleisch. Iß Salate, Gemüse, trinke rohe Säfte, verwende Vollkornbrot. Iß

unverfälschte Lebensmittel. Meide nach Möglichkeit Konserven und Konservierungsstoffe.
Bewahre deinen Körper vor Schlacken und Giftstoffen durch regelmäßige Verdauung.

3. Sorge für ausreichenden Schlaf.

4. Halte Zwiesprache mit der Natur auf unserer Mutter Erde. Geh so oft du kannst in frischer Luft spazieren, im Wald unter Bäumen wenn möglich. Atme bewußt ein und aus, so tief du kannst.

5. Mache Gymnastik, um Muskelkraft und Beweglichkeit zu stärken. Täglich zweimal zehn Minuten. Geh schwimmen, wenn du es magst. Treibe einen Sport, aber übertreibe dabei nicht. Werde nicht im Wettbewerb ehrgeizig und verbissen. Bleibe spielerisch und gelassen.

6. Du darfst unsere große Lebensspenderin, die Sonne, lieben. Sie ist ein Quell für Gesundheit und ein Jungbrunnen für deine Haut, solange du nicht übertreibst. Dann kehrt sich die gute Wirkung ins Gegenteil um! Wer sich stundenlang in die pralle Mittagssonne legt und „schmort", ruiniert sich. Es kommt, wie immer im Leben, auf die richtige Dosis an. Nicht mehr als eine Stunde täglich in der Sonne sein. Sonst in den Schatten gehen. Nimm auf jeden Fall mein Sonnenschutzöl (siehe Seite 173).

7. Zerstöre nicht durch zuviel Waschen den Säureschutzmantel deiner Haut. Reinige sie mit Lotion und Öl.
Massiere die Haut mit einer Bürste. Beginne von unten, zum Herzen hin.

Aber— ganz Frau — hat Pilar zur Unterstützung ihrer sieben goldenen Regeln Rezepte, die unsere Bemühungen, jung, schön und fit bis ins hohe Alter zu bleiben, wirksam unterstützen. Auf den folgenden Seiten sind sie angeführt.

Altersflecken

Siehe Knoblauch-Essig-Paste, Seite 172.

Anregung des Stoffwechsels

Pilars Frühjahrskur

1 Handvoll Brunnenkressekraut
1 Handvoll frischer Löwenzahn
1 Handvoll Taubnesselkraut

Die Kräuter mischen und frisch mittags und abends als Salat zubereiten und mit Oliven- oder Nußöl, Apfelessig und Meersalz zubereiten.

Anwendung: Vor den Mahlzeiten essen.

Dieser Salat, regelmäßig gegessen, regt den Stoffwechsel an und ist als Frühjahrskur ideal geeignet.

Aufgedunsene Haut

Kartoffel-Maske

2 bis 3 Kartoffeln gut abwaschen und reinigen. Auf einer Reibe raspeln.

Anwendung: Die geriebenen Kartoffeln auf die Haut legen. 13 Minuten ruhig liegen bleiben. Sich dabei entspannen. Danach Maske abnehmen. Mit Pilars Rosenwasser-Mandelmilch-Lotion reinigen (Rezept siehe Seite 167).

Cellulitis

Arnika-Ringelblumen-Öl

1 Handvoll Arnikablüten

1 Handvoll Ringelblumenblüten

1 Zitrone (Schale)

kalt gepreßtes Olivenöl

Die frischen Arnikablütenblätter aus dem grünen Körbchen zupfen. Dabei darauf achten, daß keine Parasiten, die sich gern in der Blüte aufhalten, auf den Blütenblättern bleiben. Die gelben Blütenblätter in ein helles Glas schichten. Die Ringelblumen ebenfalls zupfen und die Blütenblätter ebenso sorgfältig ins Glas schichten. Die abgeriebene Schale einer ungespritzten Zitrone hinzufügen. Die drei Zutaten sorgfältig mit einem Holzlöffel oder den Händen vermischen (Kontakt mit Metall vermeiden). Wenn das Glas zur Hälfte gefüllt ist, mit Olivenöl auffüllen.
Einen Mond lang in der Sonne stehen lassen. Das Glas alle drei Tage einmal durchschütteln. Anschließend abseihen und in ein dunkles Glas füllen.

Anwendung: Als Körperpflegeöl nach dem Baden oder als Massageöl verwenden. Das Arnika-Ringelblumen-Öl ist auch als Sonnenöl geeignet.

Falten

Pilars Verjüngungsmaske

1 Handvoll Akanthus-Blätter

1 Eßlöffel Mandelöl

Akanthus-Blätter auf einem Brett fein hacken, wie Petersilie. In eine Ton- oder Porzellanschüssel füllen. Das Mandelöl darunterrühren.

Anwendung: Die Maske auf die betroffenen Stellen (Gesicht, Hals, Hände, Arme, Beine) auftragen. Eine Stunde einwirken lassen. Anschließend mit Pilars Rosenwasser-Mandelmilch-Lotion abwaschen (Rezept siehe Seite 167).

Fettige Haut

Gänseblümchen-Gesichtswasser

1 Handvoll Taubnesseln

1 Handvoll Gänseblümchenblüten

Die Blüten mischen und mit einem Liter kochendem Wasser übergießen. 13 Minuten zugedeckt ziehen lassen. Abseihen.

Anwendung: Kalt zum Reinigen der Haut verwenden. Möglichst auf der Haut trocknen lassen (nicht mit dem Handtuch abtrocknen).

Hautreinigungs-Tee

1 Handvoll Klettenwurz

1 Handvoll Wegwartenblätter

Die Kräuter mischen und mit einem Liter kochendem Wasser übergießen. 13 Minuten ziehen lassen. Danach durch ein Mulltuch abseihen.

Anwendung: Einen Mond lang 2 x täglich eine Teetasse trinken.

Siehe auch Akne, Seite 97f.

Gerötete Haut

Zigeuner-Bockshorn-Tee

1 Handvoll Zigeunerkraut

1 Handvoll Bockshornkleesamen

Zigeunerkraut kleinschneiden, mit den Bockshornkleesamen mischen. Einen Teelöffel für eine Tasse Tee nehmen.
Mit sprudelnd kochendem Wasser übergießen, 13 Minuten zugedeckt ziehen lassen. Danach durch ein Mulltuch abseihen.

Anwendung: 1 x täglich eine Tasse lauwarm trinken.

Bei durch Frost, Wind und Wetter geröteter Haut (auch an Fingern und Zehen) hilft dieser Tee ebenfalls.

Honigklee-Kompressen

1 Handvoll Honigklee (gelber Steinklee)

1 Zitrone

Honigklee mit zwei Tassen kochendem Wasser übergießen, zugedeckt 13 Minuten ziehen lassen. Abkühlen lassen. Durch ein Mulltuch abseihen.
Zitrone auspressen, Saft durchseihen und in den Honigklee-Absud geben.

Anwendung: Mull-Kompressen mit der Honigklee-Zitronenmischung befeuchten und 3 x täglich auf die befallenen Stellen legen.

Großporige Haut

Siehe Frauenmantel-Preßsaft, Seite 173.

Haarpflege

Pferdemark-Balsam

1 Eßlöffel Pferdemark

3 Tropfen Olivenöl

3 Tropfen Zitronensaft

3 Tropfen Arnika-Total-Tinktur (siehe Seite 120)

Zutaten vermischen.

Anwendung: Auf die gewaschenen, fast trockenen Haare auftragen und mit leichter Massage einmassieren. 13 Minuten massieren.
Ein Tuch um den Kopf wickeln, damit Wärme entsteht. Eine halbe Stunde einwirken lassen.
Pferdemark mit klarem Wasser herausspülen. Möglichst lufttrocknen lassen.

Pilar: „Es pflegt trockene und fette Haare, es regeneriert die Wurzeln."

Hautreinigung und Abschminken

Pilars Rosenwasser-Mandelmilch-Lotion

1 Handvoll Mandeln

2 Handvoll Blüten der Essigrose

1 Eßlöffel Orangenblüten

3 Tropfen Arnika-Total-Tinktur (siehe Seite 120)

Mandeln im Mörser zu feinem Brei zerstoßen.
Blüten der Essigrose und Orangenblüten mischen. In einen Tontopf füllen und mit einem halben Liter kochendem Wasser übergießen. Zugedeckt eine Stunde ziehen lassen. Abkühlen lassen.
Ein paar Tropfen des Suds in den Mörser mit den Mandeln geben. Sie damit noch feiner zerreiben.

Die zerstoßenen Mandeln aus dem Mörser in eine Ton- oder Porzellanschüssel geben. Unter ständigem Rühren den abgekühlten Sud erst tropfenweise, dann schneller hineingießen. In durchsichtiges Glas füllen. 3 Tropfen Arnika-Total-Tinktur hinzufügen. Die Mischung einen Tag in der Sonne stehen lassen.
Durch ein Mulltuch abseihen und in dunkle Flaschen füllen.

Anwendung: Zum Abschminken und Reinigen der Haut auf einen Wattebausch geben, über Gesicht und Hals verteilen, 3 Minuten einwirken lassen. Mit frischer, mit Wasser leicht angefeuchteter Watte abwischen.

Diese Lotion eignet sich für alle Hauttypen.

Hitzepickel

Salbei-Kompressen

1 Handvoll Buchsbaumblätter
1 Handvoll Salbei

Beides mischen. 13 Minuten in einem Liter Wasser kochen.
Durch ein Mulltuch abseihen, abkühlen lassen.

Anwendung: Betroffene Stellen vorsichtig betupfen oder Kompressen auflegen.
Achtung: Die Zubereitung darf nur äußerlich verwendet werden.

Hornhaut

Siehe Feigenblatt-Öl, Seite 172.

Mitesser, Hautunreinheiten

Pilars Rosenessig

1 Handvoll Blüten der Essigrose

2 Handvoll Blätter der Essigrose

1 Eßlöffel Orangenblüten

1 Liter Apfelessig

Zutaten mischen und mit Apfelessig übergießen. In eine helle Glasflasche füllen. 13 Tage an die Sonne stellen. Jeden Tag dreimal durchschütteln. Danach durch ein Mulltuch abseihen und in eine Flasche füllen.

Anwendung: Mit einem Wattebausch die betroffenen Stellen 2 bis 3 x täglich betupfen.

Mundpflege

Salbei-Myrten-Tinktur

1 Handvoll Salbeiblätter

1 Handvoll Myrtenbeeren

1 Zweig blühender Rosmarin

3 Lavendelblüten

½ Liter reiner Alkohol

Salbeiblätter mit der Hand zerkleinern, Rosmarin mit dem Zweig in kleine Stücke brechen, Myrtenbeeren leicht zerdrücken. Die Zutaten mischen. In ein helles Glas mit Schraubverschluß schichten, Alkohol darüber gießen. 13 Tage in der Sonne stehen lassen. Morgens und abends durchschütteln. Durch ein Mulltuch abseihen und in dunkle Flaschen füllen.

Anwendung: Zum Mundspülen und Gurgeln morgens und abends nach dem Zähneputzen 21 Tropfen auf ein Glas Wasser nehmen.
Bei Bedarf (beispielsweise während der Schwangerschaft) mehrmals täglich Mund mit Pilars Salbei-Myrten-Tinktur ausspülen, dadurch wird der Speichelfluß reguliert.

Nagelpflege

Eichenextrakt-Bad

1 Handvoll Eichenrinde

1 Handvoll Eichenblätter

1 Handvoll Leinsamen

Die Zutaten mischen und mit zwei Liter Wasser kalt aufsetzen. 15 Minuten kochen lassen. Abseihen.

Anwendung: Hände oder Füße in der Abkochung baden. Dem Bad zwei Eßlöffel Olivenöl hinzufügen.
Nach dem Bad die Nägel vorsichtig gut abtrocknen.

Zitronen-Olivenöl-Balsam

1 Zitrone

3 Eßlöffel (kalt gepreßtes) Olivenöl

Das Olivenöl mit dem Saft einer Zitrone tropfenweise zu sämiger Masse rühren.
Den Balsam kühl und im Dunkeln aufbewahren.

Anwendung: Mit dem Balsam die Nägel bestreichen, auch in die Nagelhaut einmassieren.
Nach dem Bad in der Eichenextrakt-Lösung die Nägel sorgsam damit einreiben.

Nasenröte

Betonien-Petersilien-Tee

1 Handvoll Betonien-Kraut (Heilziest)

1 Handvoll Petersilie

½ Handvoll Petersiliensamen

¼ Handvoll Anis

Heilziest und Petersilie mit der Hand zerkleinern, mit den übrigen Zutaten mischen. Einen Eßlöffel auf eine Tasse Wasser nehmen. Mit sprudelnd kochendem Wasser übergießen, zugedeckt 13 Minuten ziehen lassen. Durch ein Mulltuch abseihen.

Anwendung: 2 x täglich eine Tasse kalt bis lauwarm trinken. Bei Bedarf mit Honig süßen. Außerdem regelmäßig Honigklee-Kompressen (siehe Seite 166) auflegen.

Runzeln auf Stirn und Hals

Pilars Quitten-Kompresse

1 Handvoll Quitten

2 Zweige Rosmarin mit Blüten

1 Zweig Lavendel mit Blüten

½ Liter 45%iger Alkohol

Quitten abreiben und damit von der „Wolle“ befreien, die sie umgibt.
Quitten in feine Streifen schneiden und im Schatten trocknen lassen.
Die getrockneten Quitten mit Rosmarin und Lavendel in ein helles Glas mit Schraubverschluß geben und mit dem Alkohol auffüllen.
13 Tage an der Sonne stehen lassen. Dreimal täglich durchschütteln.
Anschließend durch ein Mulltuch abseihen. In dunkle Flaschen füllen.

Anwendung: Kompressen auf Stirn und Hals legen. 13 Minuten einwirken lassen. Sich dabei entspannen, Musik hören, an schöne vergangene oder zukünftige Erlebnisse denken.

Schwielen

Pilars Feigenblatt-Öl

1 Handvoll frische Feigenblätter

Olivenöl

Die Feigenblätter zerquetschen, mit Olivenöl bedecken, in ein helles Glas mit Schraubverschluß füllen.
13 Tage an der Sonne stehen lassen. Täglich dreimal schütteln.
Durch ein Mulltuch abseihen. In ein dunkles Glas füllen.

Anwendung: 3 x täglich Pilars Feigenblatt-Öl jeweils 3 Minuten einmassieren.

Das Öl hilft auch ganz allgemein bei Hornhaut an den Fußsohlen.

Sommersprossen

Knoblauch-Essig-Paste

3 Knoblauchzehen

Obstessig

Knoblauchzehen im Mörser zu Brei zerreiben. Obstessig tropfenweise dazugeben.

Anwendung: Paste morgens und abends auf die betroffenen Stellen auftragen. 13 Minuten einwirken lassen.
Danach abwaschen und mit „Heilsalbe Sonnenbraut“ (siehe Seite 112) eincremen. Auch gegen Altersflecken kann man diese Paste verwenden.

Siehe auch Frauenmantel-Preßsaft, Seite 173.

Sonnenbaden

Pilars Sonnenöl

100 g Olivenöl

100 g Weizenkeimöl

100 g Nußöl

1 Handvoll Ringelblumen

1 Zitrone

3 Tropfen Arnika-Total-Tinktur (siehe Seite 120)

Ringelblumenblüten vorsichtig aus dem grünen Körbchen zupfen. Darauf achten, daß keine Parasiten in den Blüten bleiben.
Die drei Öle mischen, die Ringelblumenblüten vorsichtig hineingeben, in ein helles Glas mit Schraubverschluß füllen. 13 Tage an der Sonne stehen lassen. Täglich zweimal gut durchschütteln.
Nach 13 Tagen abseihen. Zitronensaft tropfenweise in die Ölmischung rühren, mit dem Schneebesen schlagen. Zum Schluß 3 Tropfen Arnika-Total-Tinktur unterrühren.

Anwendung: Bei Bedarf vor und nach dem Sonnen die Haut einölen.

Straffung des Busens

Frauenmantel-Preßsaft

Frauenmantelblätter

Die Blätter im Mörser zerkleinern und den Saft auspressen.

Anwendung: Den Saft auf den Busen auftragen und trocknen lassen. Nachher mit lauwarmem Wasser abwaschen.

Wenn kein frischer Frauenmantel vorhanden ist, ersatzweise einen Eßlöffel getrocknete Frauenmantelblätter mit einer Tasse kochendem Wasser übergießen, zugedeckt bis zum Abkühlen ziehen lassen und dann abseihen.

Anwendung: Kalt für Waschungen und Kompressen verwenden.

Dieser Saft bleicht auch Sommersprossen und hilft gegen große Poren.

Tierheilkunde der Zigeuner

Dem Naturvolk der Zigeuner sind unsere Brüder, die Tiere, besonders vertraut: Einst auch der Wolf, heute noch Fuchs, Reh und Hase, weil sie mit ihnen im gleichen Wald zu Hause sind.
Übrigens schützen Zigeuner ihren Platz, wenn sie im Wald lagern, ebenso wie Hunde ihr Terrain: Sie markieren es durch Pipi. Sein Geruch signalisiert den Tieren, beispielsweise Schlangen, daß Menschen da sind, denen sie, scheu, wie sie von Natur aus sind, aus dem Wege gehen.
Aus dem Verhalten der Vögel erkennen die Zigeuner Wetterveränderungen. Sie meinen, oft sicherer als unsere Meteorologen.
Zwei Haustiere waren auf ihren weltweiten Wanderungen ihre ständigen, treuen Begleiter: Die Pferde, die den Karren zogen, und der Hund, der anschlug, wenn unerwartet Gefahr drohte. Zu Pferd und Hund haben auch die Zigeuner von heute, die auf Auto-Wohnwagen umgestiegen sind, ein besonders inniges Verhältnis. Ins Reich der bösartigen Verleumdungen, deren Opfer Zigeuner immer leicht geworden sind, gehört die Legende, sie würden Hundefleisch essen. Im Gegenteil, wer solches wagen würde, wird mit der höchsten Strafe belegt, die einen Zigeuner treffen kann: Er wird von seinem Stamm verstoßen.

Ehe das Auto Reiter und Kutschen von den Straßen verdrängte, lebten Zigeuner oft vom Pferdehandel. Sie galten als unschlagbare Experten, die wußten, wie man lahme Tiere heilen, aber auch, wie man einen alten Klepper für kurze Zeit zum sprühenden Hengst aufmoppen konnte. Das brachte ihnen den Ruf ein, Roßtäuscher zu sein. Ihre Kenntnisse und Tricks behielten die Zigeuner natürlich für sich.

Mit ihrer Tierheilkunde verdienten sie bei Bedarf auch Geld bei den Bauern, zu denen sie in den Stall gerufen wurden, wenn Rind, Kuh oder Schaf erkrankt waren. Wenn die Hühner nicht legen wollten und die Gänse nicht fett wurden.

Gegen Wunden bereiteten die Zigeuner Salben, deren Inhaltsstoffe sie geheimhielten. Gegen Verstauchungen und Blutergüsse machten sie wirksame Umschläge.
Die Ställe desinfizierten sie in zwei Phasen: Zuerst fingen sie die Fliegen, indem sie einen Strauß von Beifuß an der Decke befestigten. Hatte sich das Ungeziefer darauf gesetzt, steckten die Zigeuner den Strauß in einen Sack, den sie sofort gut verschlossen und anschließend verbrannten. Für die zweite Phase der Reinigung wurden die Tiere aus dem Stall geführt, alle Fenster und Türen dicht verschlossen. 3 Stengel getrockneten Knoblauch, 5 Zweige Thymian und 3 Zweige Rosmarin wurden locker zusammengelegt und langsam verbrannt. Den Rauch ließen die Zigeuner eine Stunde einwirken.

Rezepte für alle Tiere

Blutstillung bei Wunden

1 Handvoll Rosmarin und 1 Eßlöffel pulverisierte Eichenrinde mischen und mit einem Liter kochendem Wasser übergießen, auf Körpertemperatur abkühlen lassen. Abseihen und die Wunde damit auswaschen. Anschließend mit im Mörser pulverisiertem Rosmarin bestäuben.

Ekzeme

Eicheln zu Pulver zerreiben und damit die befallenen Stellen bestäuben.
Innerlich: Das Tier zwei Tage fasten lassen, damit die Giftstoffe abgebaut werden können. Lediglich Wasser zu trinken geben, das mit Honig gesüßt ist.
Danach zu Mus zerdrückte Knoblauchzehen ins Futter mischen. Die Dosierung hängt von der Größe des Tieres ab. Bei einer Katze genügen zwei Knoblauchzehen, die man ihr auch in Milch reichen darf.
Keinesfalls auf diese Behandlung verzichten, da sie die Lebenskräfte des Tieres weckt. Wenn das Tier den Knoblauch nicht nehmen mag, sollte man ihn in sein Lieblingsfutter (etwa ein Stück Fleisch oder Fisch) verpacken. Immer frischen Knoblauch verwenden, kein Pulver!

Darmparasiten

Zigeunerkraut (Bärlauch) wird kleingeschnitten unter das Futter gemischt. Ist kein frischer Bärlauch vorhanden, Knoblauch verwenden. Das Mittel hilft zur Vorbeugung, es stärkt den Darm und verhindert Koliken. Besonders Katzen und Hunden sollte man es einmal wöchentlich geben.

Heilung von Wunden, Entzündungen, Knochenerkrankungen, Brüchen

Beinwell-Rosmarin-Balsam auftragen (siehe Seite 155), nachdem die Wunde gründlich gereinigt wurde.

Insekten- und Spinnenstiche

Frische Knoblauchzehen in Essig oder Zitronensaft zerdrücken. Stiche damit betupfen. Am besten einen Vorrat in einer kleinen Flasche vorbereiten, damit man das Mittel zur Hand hat.

Krätzmilben, Läuse

Öl aus den Früchten des Lorbeerbaums zu gleichen Teilen mit Olivenöl mischen und drei Tropfen Rosmarinöl hinzufügen. Das Fell des Tieres damit einreiben. Dieses Öl vertreibt die Parasiten.
Bei starkem Befall das Tier zuvor waschen, aber kein Waschpulver verwenden. Nur reine Seife. Einen Rosmarin-Aufguß anstelle von Wasser verwenden.

Ohrenparasiten

Leinsamenöl und Olivenöl zu gleichen Teilen mischen. Lauwarm machen und behutsam einträufeln.

Verstauchungen, Gelenksentzündungen, Blutergüsse bei Tieren

Arnika-Total-Tinktur (siehe Seite 120) verdünnen: zwei Eßlöffel auf einen halben Liter Wasser. Mulltuch darin gut anfeuchten, auswringen und als Kompresse auf die befallene Stelle legen. Mit einer Binde befestigen. Umschlag jede halbe Stunde erneuern.

Um Wiederholungen zu vermeiden, werden im folgenden nur Rezepte angeführt, die nicht für alle Tiere geeignet sind.

Rezepte für Hunde

Anregung der Milchsekretion bei Hündinnen

1 Teelöffel Anissamen, 1 Teelöffel Samen des Wilden Fenchel und 1 Teelöffel Honig mischen und dreimal täglich eine Prise der Mischung geben.

Anregung der Wehen der werfenden Hündinnen

1 Gewürznelke im Mörser zerreiben. Mit 1 Eßlöffel Lorbeerblättern vermischen. Die Mischung mit einem Liter kochendem Wasser übergießen, ziehen lassen, abseihen. Im Wassernapf reichen.

Beruhigung läufiger Hündinnen

½ Handvoll Passionsblumen mit einem Liter sprudelndem Wasser übergießen. 13 Minuten ziehen lassen. Abseihen. Im Wassernapf reichen.

Bronchitis

1 große milde Zwiebel sehr klein schneiden. In Milch kochen, bis die Zwiebel gar ist. Abkühlen lassen und mit Honig süßen.
1 bis 2 Tassen über den Tag verteilt reichen.

Dickleibigkeit

Früchte des Johannisbrotbaums zu Mehl vermahlen und unter das Futter mischen. 1 Teelöffel bis 2 Eßlöffel täglich, je nach Größe des Hundes, geben.

Durchfall

Fruchtfleisch des Johannisbrotbaums auskratzen — nur das Fruchtfleisch, nicht die Kerne. 1 Teelöffel bis 1 Eßlöffel unter das Futter mischen.

Erholung nach Krankheiten

Eine Prise Muskatnuß und einen Teelöffel Honig in Milch auflösen und zu trinken geben.

Fellpflege

Für ein schönes Fell und zur Vorbeugung gegen Rheuma dem Hund alle 13 Tage ¼ bis ½ Handvoll getrocknetes, pulverisiertes Brennesselkraut unter das Futter mischen. Die Dosierung hängt von der Größe des Hundes ab. Bei kleinen Hunden genügt ein Teelöffel.

Herzschwäche, Atemnot

Eine halbe Handvoll Baldrianwurzeln kleinschneiden und in einem halben Liter Wasser aufkochen, danach vom Feuer nehmen und ziehen lassen.
Abseihen. Ein Tropfen Arnika-Total-Tinktur (siehe Seite 120) hinzufügen.
Jede Stunde einen Teelöffel reichen.

Verstopfung

Je nach Größe des Tieres 1 Teelöffel bis 1 Eßlöffel Olivenöl eingeben.

Würmer

3 bis 4 Knoblauchzwiebeln (nicht -zehen) im Mörser zu Brei zerstampfen. (Für einen großen Hund können mehr genommen werden.) Knoblauch-Mus in Milch rühren. Einen Teelöffel Honig darunterrühren. Wenn der Hund das Mittel nicht freiwillig trinken will, einflößen.
Olivenöl und Rizinusöl zu gleichen Teilen mischen. Auf einen Eßlöffel einen Tropfen Granatapfelsaft hinzufügen. Eine halbe Stunde nach Einnahme das Knoblauch-Mus eingeben.
Nach der Kur immer dafür sorgen, daß der Hund einmal wöchentlich mit dem Futter Knoblauch (noch besser frischen Bärlauch) bekommt.

Rezepte für Katzen

Beruhigung der Katzennerven

Eine Prise Passionsblumen in eine Tasse kaltes Wasser geben. Kalt aufsetzen, aufkochen lassen, vom Feuer nehmen und nach 3 Minuten abseihen.
Statt Wasser reichen. Notfalls ein paar Tropfen Milch hinzufügen.

Durchfall

Ein Weißbrot auf dem Herd stark toasten. Verbrannte „Kohle“ abkratzen und unter das Futter mischen.
Gleichzeitig eine Prise Artischockenblätter mit einer Tasse kochendem Wasser aufgießen. Drei Minuten ziehen lassen. Abseihen. 10 Tropfen des dünnen Aufgusses unter das Futter und die Toastkohle mischen.

Fellpflege

Alle 13 Tage fein gemahlene, getrocknete Brennesselblätter unter das Futter mischen. Stärkt auch die Abwehrkräfte.

Schnupfen und Bronchitis

Ein Eßlöffel Eukalyptusblätter mit einem Liter kochendem Wasser übergießen, 13 Minuten ziehen lassen, abseihen.
Mit braunem, naturbelassenem Zucker stark süßen.
2 x täglich eine Tasse reichen.

Verstopfung

Einen Teelöffel Olivenöl eingeben.

Rezepte für Kaninchen

Zur Vorbeugung gegen Krankheiten grundsätzlich dem Futter frische Petersilie beimischen und kleingehackte, gekochte Roßkastanien, deren Schalen nach dem Kochen entfernt wurden.

Bindehautentzündung

Einen dünnen Tee aus Echter Kamille bereiten. Damit vorsichtig die Augen auswaschen.

Trommelsucht

Eine Handvoll Echten Thymian ins Futter mischen.

Rezepte für Pferde

Das Zaubermittel der Zigeuner, Pferde auf Trab zu halten, heißt: Brennnesselsamen. Gewußt wie! Sie hüteten ihr Wissen. Es war zu Zeiten, als

Pferde unentbehrlich zum täglichen Leben gehörten und Reisen ohne ihre Hilfe undenkbar waren, ein unermeßliches Kapital. Davon lebten die Zigeuner als Pferdehändler.
Aber 1874, als das technische Zeitalter mit Eisenbahn und Auto zwar noch in den Kinderschuhen steckte, kam der Kräuterbuchautor Ferdinand Müller dem jahrhundertelang bewahrten Geheimnis auf die Spur.
Er schrieb:
„Füttert man Pferden nur acht Tage lang eine mäßige Qualität Nesselsamen, so werden sie sehr fett und schön, was bis jetzt nicht allgemein bekannt ist und von pfiffigen Pferdehändlern als Geheimnis betrachtet wird; die Tiere werden auch munter davon; es ist eine wahre Arznei für dieselben."
Die Zigeuner ernteten und ernten den Brennesselsamen im Herbst. Und zwar die Samen beider bei uns verbreiteter Arten, der großen Nessel (Urtica dioica) und der kleinen Nessel (Urtica urens). Die Samen werden im Schatten, an der Luft getrocknet und in Säcken, die niemals aus Kunststoff sein dürfen, aufbewahrt.
Eine Handvoll Nesselsamen genügt, täglich unters Futter gemischt, um wie ein Jungbrunnen auf das Pferd zu wirken: Es wird unternehmungslustig, tänzelt, das Fell glänzt seidig, die schönen Augen leuchten.
Da die Zigeuner mit Pferden handelten, waren die Käufer oft nach ein paar Tagen enttäuscht, weil daheim im Stall dem gerade erworbenen Tier das Feuer fehlte. So konnten die Verkäufer die Mähre oft zum halben Preis zurückkaufen, um sie ein paar Tage später wieder teuer an den Mann zu bringen. Betrug? Ganz einfach Händlerglück!

Durchfall

1 Eßlöffel pulverisierte Eichenrinde und 3 Eßlöffel Honig mischen, und dem Futter beigeben. Die Behandlung mindestens über 3 Tage fortsetzen, bis sich die Verdauung reguliert hat.
Auf jeden Fall dazu Brennesselsamen füttern, in nicht zu hoher Dosis. Etwa ein halbe Handvoll täglich.

Fieber

Ein Bund Petersilie hacken und in dünnen, schwarzen, kalten Tee geben. Dreimal täglich dem Tier zu trinken geben.

Förderung der Wehen

Wenn das Fohlen kommt, 13 bis 21 Gewürznelken vom Stiel befreien. Nur die Köpfe verfüttern. Die Dosierung hängt von der Größe des Pferdes ab.

Husten, Bronchitis

Wasser in die Krippe spritzen, um Staub zu verhindern.
Zwei Mohrrüben und zwei Knoblauchzwiebeln kleinschneiden. 1 x täglich unter das Futter mischen.
Zum Trinken ½ Handvoll Salbei und ½ Handvoll Eukalyptusblätter mischen und mit einem Liter kochendem Wasser übergießen. 13 Minuten ziehen und dann abkühlen lassen. Zwei Teelöffel Honig dazugeben und zum Trinken geben.

Koliken

Löwenzahnblätter und wilden Fenchel zu gleichen Teilen füttern.

Rheuma

Brennesselsamen füttern. Auch frische Brennesselblätter und -stiele, die mit kochendem Wasser überbrüht sein müssen, damit sie nicht brennen, können gefüttert werden.

Verstopfung

3 Johannisbrotbaumfrüchte zerkleinern. 3 im Wasser weich gekochte Knoblauchzwiebeln hinzufügen. Mischung auf 2 Portionen über den Tag verteilt füttern.

Würmer

Das Pferd zwei Tage fasten lassen.
5 Knoblauchzwiebeln (je nach Größe des Pferdes die Menge dosieren) kleinschneiden. Mit Kleie und Honig vermischen.
Zur Vorbeugung: Wurmfarn, schwarzen Holunder, Quecke am besten frisch von der Weide mitverfüttern.

Mistelbeeren erhalten die Gesundheit.
Je nach Jahreszeit schwarzen Holunder, Wacholder, Weißdorn, Vogelmiere, Samen vom Wilden Fenchel und Leinsamen füttern.
Sonnenblumenkerne fördern den Bruttrieb.
Achtung: Petersilie und Kümmel sind für kleine Vögel giftig!

Botanische Pflanzennamen

Akanthus	*Acanthus mollis*
Aloe	*Aloe vera*
Andorn, Gemeiner	*Marribium vulgare*
Angelika	*Angelica archangelica*
Anis	*Pimpinella anisum*
Arnika	*Arnica montana*
Artischocke	*Cynara scolymus*
Augentrost	*Euphrasia officinalis*
Baldrian	*Valeriana officinalis*
Bärentraube	*Arctostaphylos uva-ursi*
Bärlauch (Zigeunerkraut)	*Allium ursinum*
Basilikum	*Ocimum basilicum*
Beifuß, Gemeiner	*Artemisia vulgaris*
Beinwell, Gemeiner	*Symphytum officinale*
Bergamotte	*Citrus bergamia Risso et Poit.*
Besenginster	*Cytisus scoparius*
Betonie (Echter Ziest, Heilziest)	*Stachys officinalis*
Bibernelle, Große	*Pimpinella major*
Birke	*Betula pendula*
Blutwurz (Tormentill)	*Potentilla erecta*
Bockshornklee	*Trigonella foenum-graecum*
Bohne	*Phaseolus vulgaris*
Bohnenkraut	*Satureja hortensis*
Borretsch	*Borago officinalis*
Brennessel, Große	*Urtica dioica*
Brennessel, Kleine	*Urtica urens*
Brombeere	*Rubus fructicosus*
Brunnenkresse, Echte	*Nasturtium officinale*
Buchsbaum	*Buxus sempervivens*
Dill	*Anethum graveolens*
Efeu	*Hedera helix*

Eiche	*Quercus robur*
Erdrauch	*Fumaria officinalis*
Esche	*Fraxinus excelsior*
Essigrose	*Rosa gallica*
Estragon (Beifuß, Schlangenkraut)	*Artemisia dracunculus*
Eukalyptus	*Eucalyptus globulus*
Farnkraut (Wurmfarn)	*Aspidium filix-mas*
Feigenbaum	*Ficus carica*
Fenchel, Wilder	*Foeniculum vulgare*
Fetthenne, Rote	*Sedum telephium*
Frauenmantel, Gewöhnlicher	*Alchemilla vulgaris*
Galgant	*Galangae*
Gänseblümchen	*Bellis perennis*
Gartenkresse	*Lepidium sativum*
Gewürznelkenbaum	*Syzygium aromaticum*
Granatapfelbaum	*Punica granatum*
Gurke	*Cucumis sativus*
Hafer	*Avena sativa*
Hagebutte, Frucht der Hundsrose	*Rosa canina*
Haselnuß	*Corylus avellana*
Hauhechel, Dorniger	*Ononis spinosa*
Hauswurz, Echter	*Sempervivum tectorum*
Heidelbeere	*Vaccinium myrtillus*
Hibiskus	*Hibiscus*
Himbeere	*Rubus idaeus*
Hirtentäschel	*Capsella bursa-pastoris*
Holunder, Schwarzer	*Sambucus nigra*
Honigklee	*Melilotus officinalis*
Hopfen, Wilder	*Humulus lupulus*
Hornklee, Gemeiner	*Lotus corniculatus*
Huflattich	*Tussilago farfara*
Hundsrose (Gemeine Heckenrose)	*Rosa canina*
Immergrün	*Vinca minor*
Ingwer	*Rhizoma zingiberis*
Johannisbrotbaum	*Ceratonia siliqua*
Johanniskraut	*Hypericum perforatum*

Kaiserwurz	*Radix imperatoriae*
Kalmus	*Acorus calamus*
Kamille, Echte	*Matricaria chamomilla*
Kamille, Römische	*Chamaemelum nobile*
Karde, Wilde	*Dipsacus silvester*
Kartoffel	*Solanum tuberosum*
Klette, Große	*Arctium lappa*
Knoblauch	*Allium sativum*
Kohl	*Brassica oleracea*
Kornblume	*Centaurea cyanus*
Krokus	*Crocus*

Lavendel, Echter	*Lavandula officinalis*
Lein, Echter	*Linum usitatissimum*
Liebstöckel	*Levisticum officinale*
Linde	*Tilia cordata*
Linse	*Lens culinaris*
Lorbeer	*Laurus nobilis*
Löwenzahn	*Taraxacum officinale*
Lungenkraut, Echtes	*Pulmonaria officinalis*

Majoran	*Origanum majorana*
Malve, Wilde	*Malva silvestris*
Mandelbaum	*Prunus amygdalus*
Maulbeerbaum, Schwarzer	*Morus nigra*
Meerfenchel	*Crithmum maritinum*
Melisse	*Melissa officinalis*
Melone	*Cucumis melo*
Mispel	*Mespilus germanica*
Mistel	*Viscum album*
Mohrrübe	*Daucus sativus carota*
Muskatnußbaum	*Myristica fragans*
Myrte	*Myrtus communis*

Olivenbaum	*Olea europaea*
Orangenbaum	*Citrus sinensis*

Passionsblume	*Passiflora incarnata*
Petersilie	*Petroselinum hortense*
Pfeffer, Spanischer	*Capsicum annuum*
Pfefferminze, Echte	*Mentha piperita*

Pflaume	*Prunus domestica*
Pomeranzenbaum	*Citrus aurantium var. amara*
Quecke, Gemeine	*Agropyron repens*
Quendel	*Thymus serpyllum*
Quitte	*Cydonia oblonga*
Rainkohl	*Lapsana communis*
Rhabarber	*Rheum rhabarbarum*
Ringelblume, Gemeine	*Calendula officinalis*
Rizinus	*Ricinus communis*
Rosmarin	*Rosmarinus officinalis*
Rote Rübe, Rote Bete	*Beta vulgaris*
Safran, Echter	*Crocus sativus*
Salbei, Echter	*Salvia officinalis*
Sandelholzbaum	*Santalum album*
Sauerampfer	*Rumex acetosa*
Sauerklee	*Oxalis acetosella*
Schachtelhalm	*Equisetum*
Schafgarbe, Gemeine	*Achillea millefolium*
Schlüsselblume	*Primula veris*
Schnittlauch	*Allium schoenoprasum*
Sellerie	*Apium graveolens*
Senf, Schwarzer	*Brassica nigra*
Spargel	*Asparagus officinalis*
Spinat	*Spinacia oleracea*
Stechapfel	*Datura stramonium*
Steinklee, Echter	*Melilotus officinalis*
Sternkiefer	*Pinus pinaster*
Süßholz	*Glycyrrhiza glabra*
Tamarinde	*Tamarindus indica*
Taubnessel	*Lamium album*
Tausendgüldenkraut, Echtes	*Centaurium erythraea*
Thymian, Echter	*Thymus vulgaris*
Tomate	*Solanum lycopersicum*
Tormentill	*Potentilla erecta*
Veilchen	*Viola calcarata*
Veilchenwurzel	*Iris florentina*

Vogelmiere (Hühnerdarm)	*Stellaria media*
Wacholder	*Juniperus communis*
Weidenbaum	*Salix*
Weißdorn	*Crataegus monogyna*
Weidenröschen, Schmalblättriges	*Epilobium angustifolium*
Wermut	*Artemisia absinthium*
Wurmfarn	*Drypopteris filix-mas*
Zigeunerkraut	*Allium ursinum*
Zinnkraut	*Equisetum arvense*
Zitronenbaum	*Citrus limonum*
Zwiebel	*Allium cepa*
Zypresse	*Cupressus*

Stichwortverzeichnis